www.tredition.de

AF141987

Jochen Clemens

SAP Business One®
Dashboards

Bessere Ergebnisse mit SAP Business One®

www.tredition.de

© 2020 Jochen Clemens

Verlag und Druck: tredition GmbH, Halenreie 40-44, 22359 Hamburg

ISBN
Paperback: 978-3-347-07717-1
Hardcover: 978-3-347-07718-8
e-Book: 978-3-347-07719-5

www.tredition.de

Jochen Clemens

SAP Business One®
Dashboards

Bessere Ergebnisse mit SAP Business One®

www.tredition.de

Verlag und Druck: tredition GmbH, Halenreie 40-44, 22359 Hamburg

ISBN

| Jochen Clemens | SAP Business One® Dashboards |

Paperback: 978-3-347-07717-1
Hardcover: 978-3-347-07718-8
e-Book: 978-3-347-07719-5

SAP Business One® ist ein in der mittelständischen Industrie eingeführtes System. Es wird
in sehr unterschiedlichen Branchen eingesetzt. Diese Beschreibung bezieht sich auf den
Einsatz in Produktionsunternehmen

Bessere Ergeb-
nisse mit SAP
Business One®

© 2020 Jochen Clemens

Verlag und Druck:

978-3-347-07703-4 (Paperback)
978-3-347-07704-1 (Hardcover)
978-3-347-07705-8 (e-Book)

Bibliografische Information der Deutschen Nationalbibliothek:
Die Deutsche Nationalbibliothek verzeichnet diese Publikation in

der Deutschen Nationalbibliografie; detaillierte bibliografische Daten sind im Internet über

http://dnb.d-nb.de abrufbar.

Inhaltsverzeichnis

Einleitung **15**
Technische Voraussetzungen für Dashboards 19

Unternehmenswerte **30**
Daten ermitteln mit den Funktionen der Dashboards. 33
Daten ermitteln aus periodischen Nachkalkulationen. 33
Daten aus der Kostenrechnung 34

Unternehmenswerte beeinflussen mit strategischen Dashboards **44**
Kunden 52
Produkte 56
Ressourcen 59

Beeinflussung mit funktionalen Dashboards **66**
Mit Dashboards Abläufe überwachen 70
Mit Dashboards die Arbeit vereinfachen 75
Mit Dashboards die Transparenz erhöhen 78
Mit Dashboards Daten kombinieren 82
Mit Dashboards Daten verdichten 85
Analyse-Dashboards 87
Activity based Costing 96
Business Performance 100

Methode und Einführungsschritte **105**
Pragmatismus und Praxis sind gefragt 108

Zusammenfassung **119**

Autor **121**

Abbildungen **123**

Literaturverzeichnis **126**

Index **127**

SAP Business One® – Dashboards für bessere Ergebnisse

Einleitung

Wir brauchen die Leidenschaft, aber auch die Hilfsmittel, Kunden von SAP Business One® zu unterstützen, nachhaltig produktiv zu sein.

Unternehmen ändern sich ständig, immer sind Anpassungen notwendig, daher sind Dashboards nicht etwas statisches, das man sich ab und zu ansieht, sondern sie sollen eine Dynamik entwickeln.

Man sollte mit Dashboards einen dynamischer Prozess installieren, der immer neue Schwerpunkte setzt. Dies erfolgt durch eine stufenweise Realisierung der Dashboards.

In der obersten Stufe stehen Dashboards für die Unternehmensleitung. Das sind Dashboards über Deckungsbeiträge, Gesamtproduktivität, Anteil der produktiven Stunden an den Gesamtstunden usw. Diese

Dashboards sind nicht nur die Informationsquelle für die Geschäftsleitung, sondern sie dienen auch dazu, das Erreichen von Zielen zu verifizieren.

In der zweiten Stufe stehen Container-Dashboards über die Deckungsbeiträge der Kunden und Produkte. Dazu Dashboards über Ressourcen, deren Auslastung und Produktivität. Diese Dashboards enthalten zusammengefasste Daten über Kunden, Produkte und Ressourcen. Sie sind zusammengefasst in Containern, um die Technik der boyum-Dashboards auszunutzen. Sie können an die Stammdatensätze von SAP Business One® angedockt werden, so dass sie über Buttons an den Stammsätzen aufgerufen werden können. Das erspart wesentlich Zeit beim Aufruf der Dashboards, da die Suchfunktionen in SAP Business One® und beasmanufactoring genutzt werden.

Diese zweite Stufe wird beeinflusst von Dashboards über den Anteil produktiver Arbeiten, Ausschuss, Anteil Planzeiten, Lieferzeiten, Durchlaufzeiten, Kosten usw.

Diese Dashboards werden weitergeführt zu Analyse-Dashboards. Das sind Dashboards über Durchlaufzeiten, Lieferzeiten, Kosten, Produktivität in denen die Filtermöglichkeiten des boyum – Dashboard – Editors genutzt werden. Dies wird verwendet, um die Datensätze wie Fertigungsaufträge, Kundenaufträge, Kostenarten usw. auszuwerten. Damit der Benutzer Entscheidungen treffen kann, inwieweit diese Werte beeinflussbar sind, werden Durchschnittswerte und Standardabweichungen angezeigt. Dazu werden Schwellenwerte gesetzt, um Daten mit ungenügender Datenerfassung (Qualität der Daten) auszuschließen. Hierzu werden obere und untere Schwellenwerte festgelegt. Dies erfolgt durch den Anwender. Die verbleibenden Werte, also die in die weitere Analyse einbezogenen Werte werden statistisch ausgewertet mit Standardabweichungen, Durchschnittswerten und einer statistischen Ausreisserprüfung in der zunächst Werte gefunden werden die nicht in den normalen Verlauf gehören. Damit werden mit dem Verfahren auch grundsätzliche Steigerungen oder Abschwächungen erkannt, da die Werte dann außerhalb der normalen Werte, liegen werden. Zusätzlich stellt man sich die Frage, ob die Werte innerhalb der Erwartungen der Kunden liegen, daher ist die Anzeige der Standardabweichung wichtig.

Damit wird mit Dashboards eine Systematik geschaffen, die sehr kostengünstig zu besseren Ergebnissen führt.

Aber warum eigentlich? Schließlich sehen wir in SAP Business One®, wie in den meisten ERP-Systemen, alle Daten die wir benötigen. Aber jedes Unternehmen hat eigene Zielsetzungen, eigene Ausprägungen, die man mit Dashboards einfacher und kostengünstiger darstellen kann. Wenn z.B. der Ausschuss bei bestimmten Materialgruppen höher zu liegen scheint, können wir das mit Dashboards auswerten und verifizieren.

Wir reagieren besser, weil wir wissen, dass der Sachverhalt so ist, oder auch nicht. Und wenn wir wissen, dass das so ist, können wir es ab jetzt immer sehen und die Entwicklung verfolgen. Wenn wir dann noch die Statistik bemühen und uns klar machen, dass es Durchschnittswerte, Standardabweichungen, Mediane und Häufigkeitsverteilungen gibt, dann können wir besser beurteilen was erreicht werden kann, und was nicht, das ist oft auch besonders wichtig. Wir haben Daten, die wir in Wirtschaftlichkeitsrechnungen einsetzen können. Und besonders wichtig ist, dass wir andere einbinden können, indem wir Dashboards erstellen, die genau dem Bedarf des Anwenders entsprechen. Natürlich dauert alles seine Zeit, aber mit einer Systematik in der Umsetzung ist der Erfolg sicher, und, nach einer gewissen Zeit, sind erhebliche Verbesserungen zu erwarten. Nach statischen Investitionsrechnungen sollten die Amortisationsdauern nicht über 3 - 6 Monate liegen.

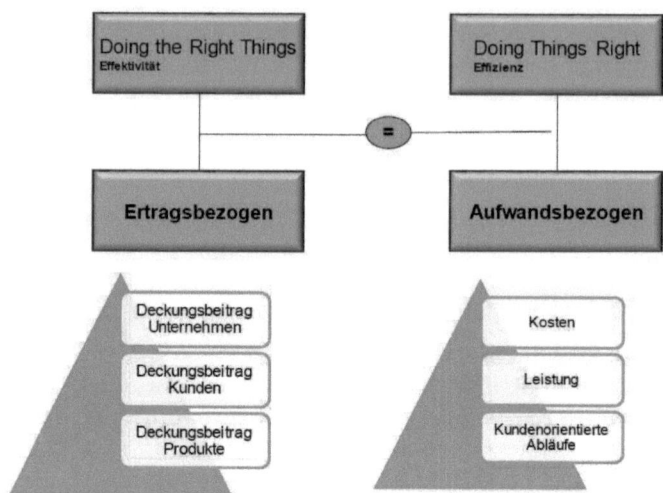

1 Doing the right things

Technische Voraussetzungen für Dashboards

Dieser Abschnitt beinhaltet:

- SAP Business One®
- beasmanufactoring (boyum)
- Dashboard Editor in B1UP
- Datenbanken SQL und SAP HANA®
- Cockpit und B1Webdashboards
- Parameter als Filter, Eingabe, Übernahme aus Stammdaten
- Statistikfunktionen, Standardabweichung, Varianz, Durch-schnitt, Median

„WER HOHE TÜRME BAUEN WILL, MUSS LANGE AM FUNDAMENT VERWEILEN"

Anton Bruckner

SAP Business One® ist ein Produkt, das weltweit vertrieben wird. Es wird in mittelständischen Unternehmen eingesetzt, oft in Tochterunternehmen größerer Unternehmen. Der Schwerpunkt liegt in einer umfassenden Lösung die möglichst viele Funktionen abdecken soll. Da aber in der Praxis der mittelständischen Unternehmen eine große Vielfalt herrscht, bedient sich SAP Partnerunternehmen die das Produkt SAP Business One® ergänzen können mit Add On's der jeweiligen Branchen.

Ein Produkt, das SAP Business One® ergänzt, ist beasmanufactoring. Entwickelt von beas, Pforzheim, ist das System seit 2016 im Besitz der boyum-it, Dänemark. beasmanufactoring ist eine umfassende Produktionslösung mit Fertigungssteuerung, Betriebsdatenerfassung und Kostenrechnung. Boyum it entwickelt Software für SAP Business One® und vertreibt seit 2005 das Produkt B1Usability Package mit über 6000 Installationen weltweit. Das Usability Package enthält einen Editor zur Entwicklung von Dashboards.

Unsere Dashboards greifen auf Daten von SAP Business One® und beasmanufactoring zu und ergänzen damit diese Gesamtlösung. Sie sind mit dem Editor erstellt, der in dem Add-on B1UP enthalten ist.

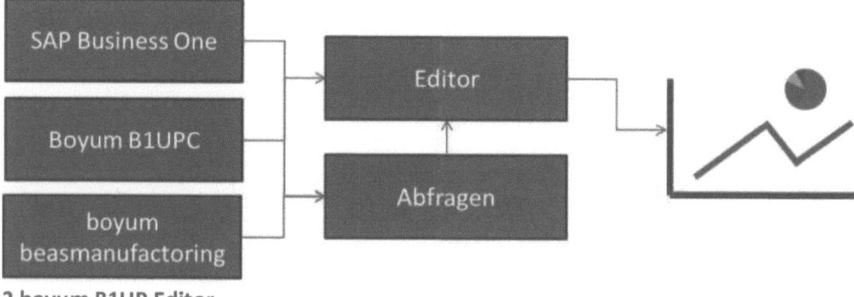

2 boyum B1UP Editor

Die Abfrage können in dem Editor selbst erstellt werden. Hierzu steht ein Querry-Builder zur Verfügung. Abfragen können auch im Abfrage-Editor eingegeben werden. Als weitere Möglichkeit kann auf gespeicherte Abfrage zugegriffen werden.

Das System läuft auf SQL- oder auf SAP HANA®-Datenbanken. Es steht eine umfangreiche Dokumentation zur Verfügung. Daneben wird über Videos der Funktionsumfang dargestellt. Neben den Einführungsvideos wird die Navigation zu den SAP®-Objekten gezeigt, es können Karten (maps) eingebunden werden und es stehen allgemeine Funktionen zur Verfügung. Die Dashboards können zeitlich geplant werden, wann sie sich aktualisieren sollen.

Das System ist klar strukturiert und sehr gut verständlich, setzt aber voraus, dass der Anwender Kenntnisse in SQL hat, wenn über die Funktionen des Querry-Builders hinausgegangen werden soll.

Aufgrund der Integration in SAP Business One® wird das Dashboard in dem Cockpit aufgerufen

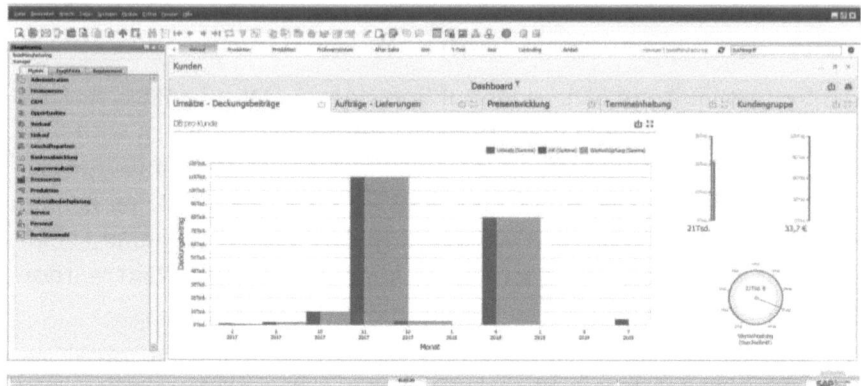

3 Dashboard in SAP Business One® Cockpit

Neben dem Aufruf über das Cockpit können die Dashboards von den Stammdaten aus aufgerufen werden. Hierzu werden mit den Funktionen von B1UP Buttons an die Stammdaten gesetzt, über die der Aufruf dann erfolgt. Dann werden die für die Abfrage notwendigen Parameter, z.B. Kundennummer, von dem Stammsatz der gerade aufgerufen wurde, übernommen. Das führt zu Anwendungen, die den täglichen Ablauf wesentlich erleichtern, weil man genau die Daten angezeigt bekommt die man genau an dieser Stelle des Ablaufs benötigt. Daher sind Dashboards nicht nur zur „Ansicht" da, sondern tragen wesentlich zu produktiverem Arbeiten bei.

Das Dashboard lässt sich in Registern gliedern, die jeweils Dashboard enthalten (Container). Damit kann man mit einem Aufruf des Dashboards alle Daten anzeigen, die man benötigt. Es müssen nicht mehrere Dashboards einzeln aufgerufen werden, sondern man blättert in einer Anzeige. Das ist einfach praktischer.

Bei der Gestaltung der Dashboards bedient man sich der vorhandenen Elemente. Das sind z.B.

- Tabellen (grid),
- Diagramme (Balken, Linien),
- Punktediagramme,
- Kuchen,
- Messgeräte,
- Flächenkartogramme.

Da das Cockpit eine ganze Reihe von Dashboards enthalten soll werden Oberbegriffe, Titel, definiert die den Bildschirm einteilen und die einzelnen Dashboards enthalten.

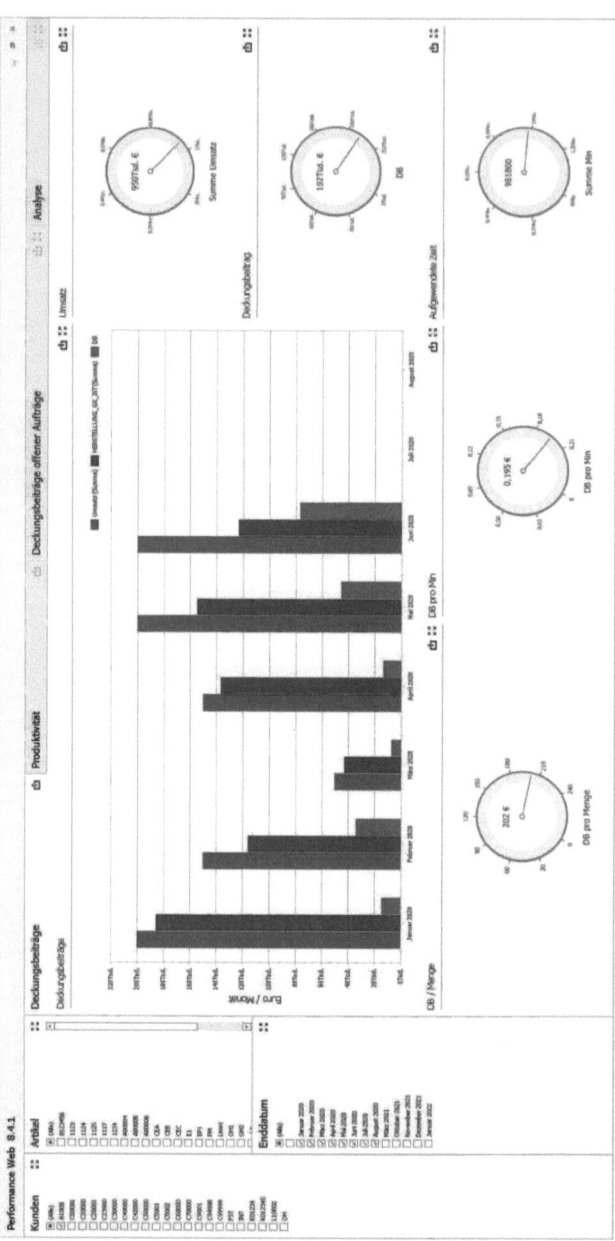

Abbildung 4 Webdashboard im Cockpit

Wenn die Oberfläche des Cockpits nicht zur Verfügung steht, fiory, werden die Dashboards über Browser aufgerufen.

Die in den Dashboards enthaltenen Begriffe werden als Namen in einer Tabelle bearbeitet, sodass man das leicht auf die von den Anwendern bevorzugten Begriffe ändern kann.

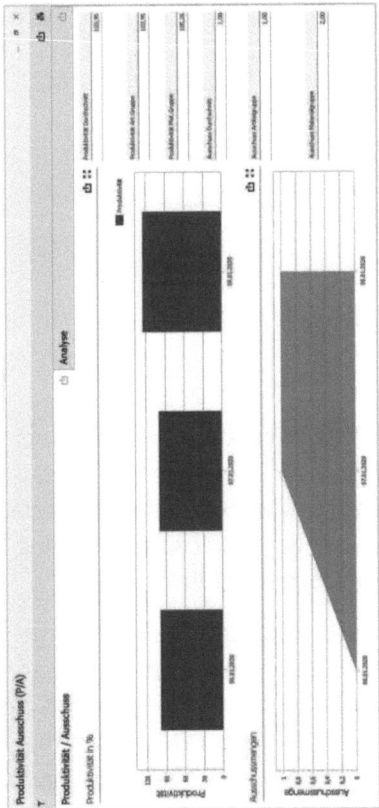

5 Produktivität Ausschuss

Für Anwender besonders wichtig ist, dass die Werte die in grafischen Anzeigen gezeigt werden auch geprüft werden können. Hierzu stehen Filterelemente zur Verfügung. Man stellt die Daten der Abfrage daher einmal als grafisches Ergebnis dar, zum andern aber auch tabellarisch. Diese Anzeige versieht man mit Filterelementen, sodass die Werte angezeigt werden die der Anwender prüfen will.

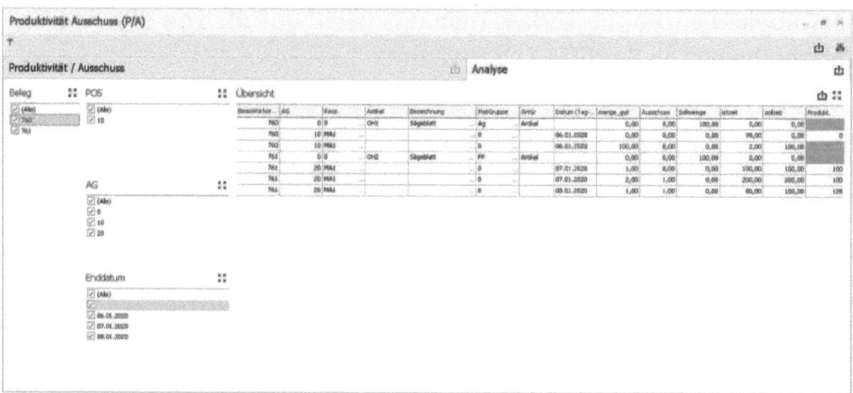

6 Produktivität Ausschuss tabellarische Darstellung

Damit entsteht ein hohes Vertrauen in die Anzeigen. Aus diesen Tabellen kann der Anwender bei Bedarf direkt in den Datensatz springen in SAP Business One® oder beasmanufactoring. Man kann damit Werte direkt nachprüfen ohne großen Aufwand und hat gleichzeitig die Möglichkeit Maßnahmen zu finden, die zu den Werten geführt haben.

Diese Funktionen bieten sehr gute Voraussetzungen um anwendergerechte Dashboards zu erarbeiten. Insbesondere können die Anwender einfache Dashboards selbst erstellen. Die Dashboards sind leicht zu installieren, sodass man gut zusammen arbeiten kann. Das ist wichtig, da Dashboards immer weiter entwickelt werden, die Anforderungen steigen mit der Benutzung. Aber nicht in umfassenden Auswertungen, sondern mehr in Ergänzungen, die dann doch nicht so zeitraubend zu realisieren sind. Daher ist diese Konzeption der Dashboards sehr praxisgerecht.

B1UP enthält eine Weblösung der Dashboards. Hierzu müssen die entsprechenden Ergänzungen von boyum heruntergeladen werden. Zu beachten ist, dass die Steuerung der Dashboards durch Parameter anders geregelt werden muss.

7 Webdashboard Deckungsbeitrag Unternehmen

Die Steuerung erfolgt aufgrund von Filterelementen, in denen die Filter definiert werden. Man filtert dann nach Aufträgen, Ressourcen, Datum usw.

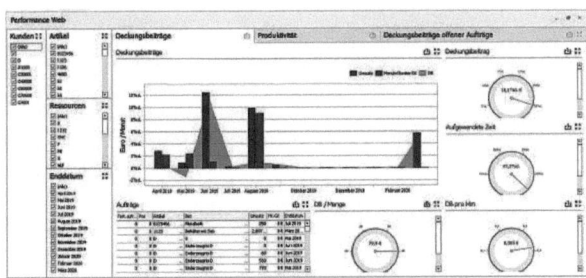

8 Parametersteuerung bei Webdashboards

WebDashboards laufen sowohl unter SQL wie auch unter HANA.

WebDashboards eröffnen einige Möglichkeiten die die Anwendung von SAP Business One® unterstützen. Über einen Access-user können Anwender einbezogen werden, die eigentlich gar keine SAP Business One® – Anwendung nutzen. Das ist z. B. dann der Fall, wenn Auslastungen, Auftragsreihenfolgen, Produktivitätskennzahlen den Teams der Produktion zur Verfügung gestellt werden sollen. Das vermeidet Rückfragen, da die Daten immer aktuell sind.

Statistikfunktionen sind in dem Dashboard Editor enthalten. Bei vielen Dashboards werden die Durchschnittswerte und die Standardabweichung angegeben.

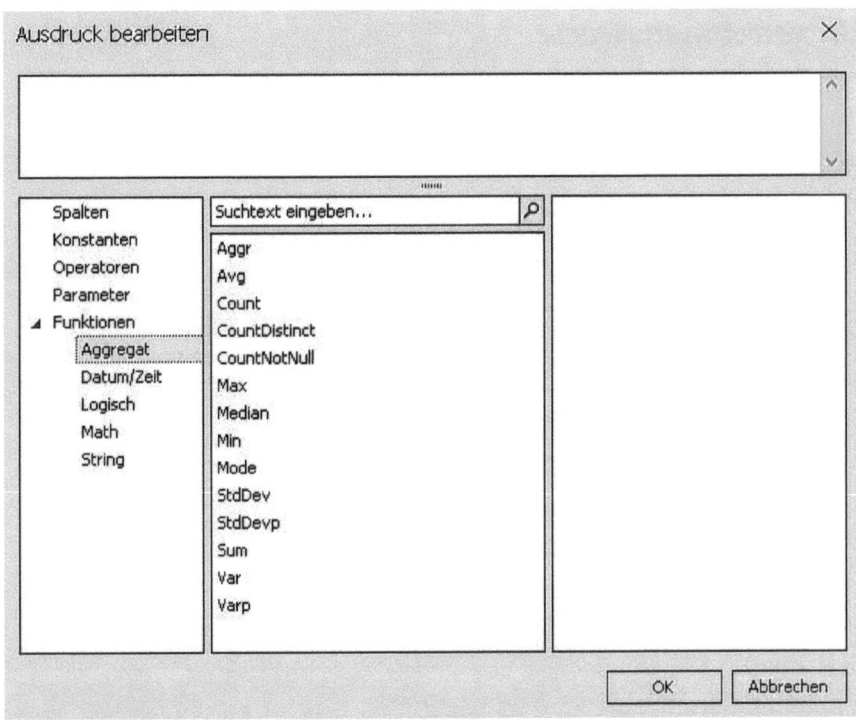

9 Statistikfunktionen in B1UP (boyum)

Das ist dann wichtig, wenn Kennzahlen beurteilt werden sollen. Denn Standardabweichungen sind ein Maß wie die Werte um den Mittelwert schwanken. Wir benötigen in Produktionsunternehmen stabile Abläufe. Daher geben wir bei Dashboards, bei denen das sinnvoll ist, die Standardabweichung an.

Unternehmenswerte

Dieser Abschnitt beinhaltet:

- Umsätze und Deckungsbeiträge
- Produktivität
- Daten aus Kalkulation
- Kennzahlen aus Finanzwirtschaft
- Kennzahlen aus Produktion und Logistik
- Kennzahlen aus Activity based Cost Management

ERZÄHLE MIR DIE VERGANGENHEIT, UND ICH WERDE DIE ZUKUNFT ERKENNEN.

Konfuzius

Unter diesem Begriff fassen wir zusammen, welche Daten Unternehmensleitungen interessieren. Das sind Umsätze, Deckungsbeiträge, Wertschöpfung und deren Entwicklung.

Daneben interessiert welcher Anteil an produktivem Personal vorhanden ist, welcher Umsatz pro Mitarbeiter / Mitarbeiterstunde erreicht wird bzw. welche Produktivität erzielt wird.

Diese Werte können beliebig ergänzt werden durch Kennzahlen über Materialanteil, Personalkostenanteil usw.

Diese Daten können direkt zusammengestellt, oder in Verbindung mit der Kostenrechnung ermittelt werden.

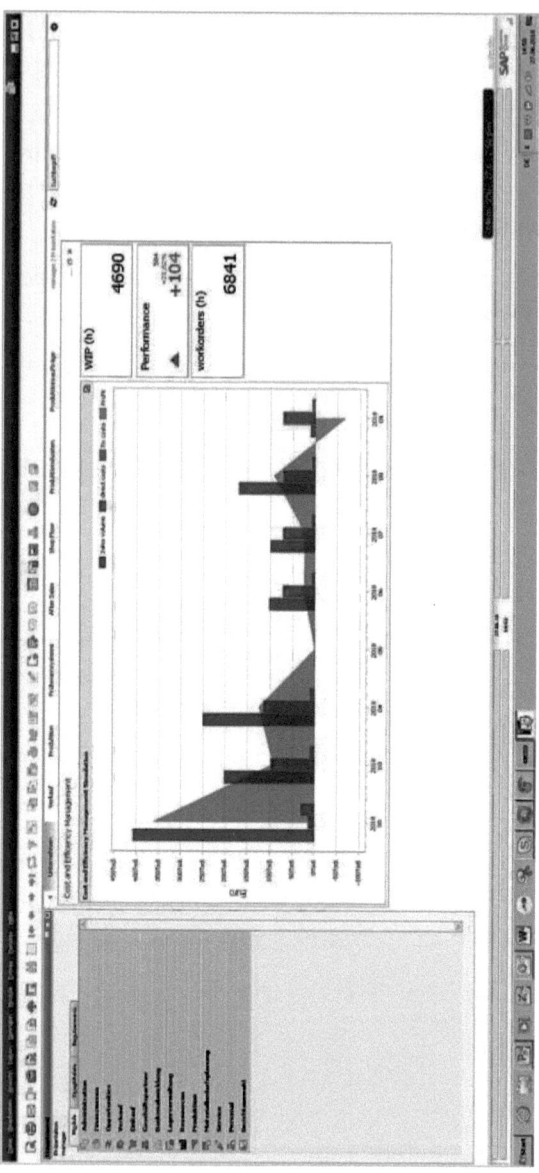

10 Unternehmenswerte

Daten ermitteln mit den Funktionen der Dashboards.

Da Dashboards aus Abfragen bestehen deren Ergebnisse dann in dem Dashboard angezeigt werden, ist es natürlich möglich, die Werte jeweils direkt in der Abfrage zu berechnen. Aus Umsatz und Kosten müssen dann Deckungsbeiträge oder Wertschöpfungen errechnet werden. Kosten werden oft berechnet aus den Produktionsaufträgen. Da Produktionsaufträge meist mehrstufig sind, kann diese Berechnung aufwändig werden, ist aber natürlich möglich.

In den Dashboards können berechnete Felder angelegt werden, um damit dann Durchschnittswerte, Abweichungen/Differenzen/Summen usw. zu errechnen.

In diese Kategorie fallen auch Dashboards die den Umsatz / Deckungsbeitrag / Wertschöpfung dem produktiven Personal gegenüberstellen.

Daten ermitteln aus periodischen Nachkalkulationen.

Dann greift man auf die periodische Nachkalkulation zurück. Die Nachkalkulation berechnet aus den Zeit- und Materialmengen die Fertigungs- und Herstellkosten. Man muss dann nur das Kalkulationsschema anpassen, damit man auch die gewünschten Werte bekommt. Gerechnet wird normalerweise mit den Herstellkosten zu Grenzkosten, um aus Umsatz und den Herstellkosten den Deckungsbeitrag zu ermitteln.

Die Umsätze kommen aus den Journalbuchungen, sodass Rabatte berücksichtigt sind. Inwieweit weitere Erlösschmälerungen berücksichtigt werden müssen, muss geprüft werden.

Sollten die Werte nicht aus der Nachkalkulation verwendet werden können, bleibt noch die Möglichkeit eine Preisliste anzulegen, die mit Kalkulationswerten gefüllt wird. Das Anlegen der Preisliste erfolgt in

SAP Business One®, die Berechnung der Kosten und Übernahme in die Preisliste in beasmanufactoring.

Mit diesen Möglichkeiten können praktisch alle Alternativen realisiert werden.

Daten aus der Kostenrechnung

In der Kostenrechnung sind Umsätze und alle Kosten enthalten, gegliedert nach fixen und variablen Kosten. Die Kostenrechnung „Business Performance" enthält eine Kostenstellenrechnung und eine Ergebnisrechnung. Die Ergebnisrechnung ist gegliedert nach Produktgruppen. „Business Performance" ist ein Modul in beasmanufactoring. Die Produktgruppen werden im Artikelstamm verwaltet, sodass die Daten aus der Abwicklung der Fertigungsaufträge automatisch übergeben werden können. Meist werden die für die einzelnen Produktgruppen benötigten Fertigungsstunden übergeben. Man legt dann Kostenverteilungen an und benutzt die übergebenen Stunden als Verteilungsgrundlage. Damit steht eine sehr genaue Produktgruppenrechnung zur Verfügung. Diese kann natürlich auch in Dashboards verwendet werden. Man verwendet damit für die Geschäftsleitung sachkundig vom Controlling zusammengestellte Daten. Es erscheint mir wichtig darauf hinzuweisen, dass die Qualität der Daten den Anforderungen genügen muss und sie jederzeit verifiziert werden können.

Bei einer Deckungsbeitragsrechnung übernimmt man die Materialkosten und die variablen Fertigungskosten der Kostenstellen. Da immer angegeben ist auf welchen Zeitraum (Monat) sich der Datensatz bezieht, kann man die Entwicklung der Deckungsbeiträge im Dashboard anzeigen. Diese Werte sind dann Ist-Werte aus der Kostenrechnung, da bei variablen Kosten normalerweise keine Verteilungen vorgenommen werden, sind sie die effektiv entstandenen Kosten. Darin besteht der Unterschied zu Deckungsbeitragsrechnungen deren Werte aus der Nachkalkulation kommen, da bei der Nachkalkulation mit den Standardkosten der Kostenstellen bewertet wird.

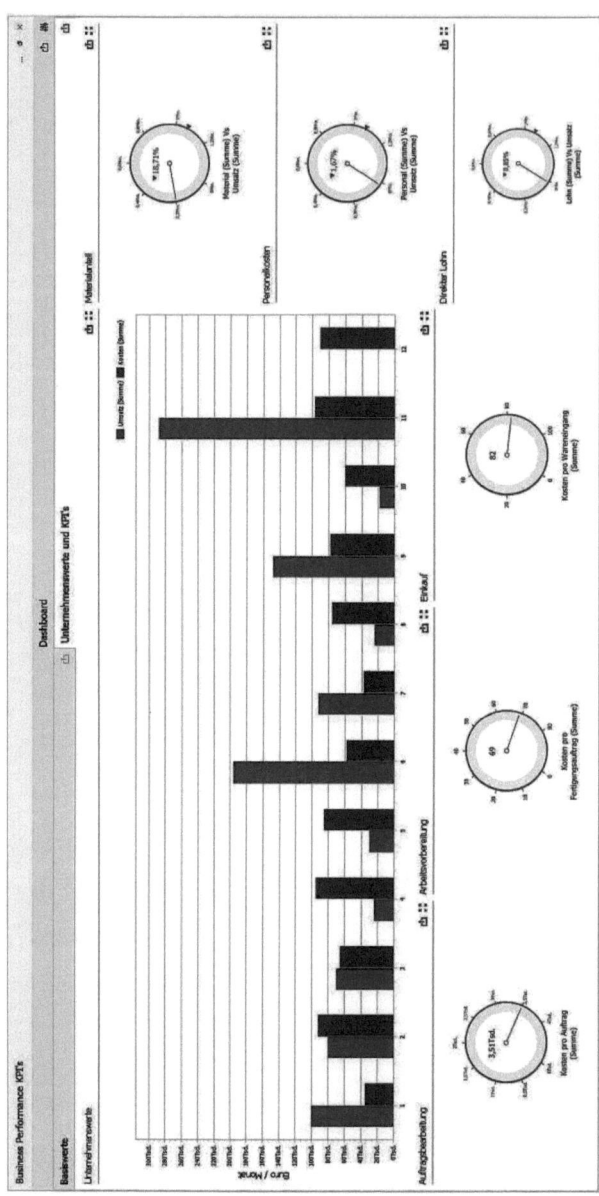

11 Unternehmenswerte aus Business Performance

Da in der Kostenrechnung alle Werte vorliegen kann man im Dashboard auch weitere Kennwerte anzeigen. Es bietet sich an, die Werte nach den Anforderungen der Kalkulation zu gliedern. Das sind dann die

- Materialkosten
- Direkte Personalkosten
- Fertigungsgemeinkosten
- usw.

Da in die Kostenrechnung die Leistungen der Produktion übernommen werden, kann man natürlich auch diese in den Dashboards verwenden. Das sind dann die jeweiligen Ist-Stunden die in den Ressourcen angefallen sind und die Planstunden, die in der Kostenstellenrechnung geplant sind.

Oft müssen neue Produkte kalkuliert werden, für die die vorhandenen Kalkulationsschemen ungeeignet sind, da sie die Kostenstruktur für neue Produkte ja nicht abbilden. Daher kann man, wenn das gefordert wird, Werte berechnen wie z.B.

- Kosten der Arbeitsvorbereitung, pro Fertigungsauftrag
- Kosten der Auftragsabwicklung, pro Kundenauftrag
- Kosten des Einkauf, pro Bestellposition

Da sich Unternehmensleitungen um neue Produkte kümmern, sind diese Werte besonders wichtig. Gleichzeitig stellen die Werte aber auch die Leistungskennzahl der entsprechenden Abteilungen dar, deren Entwicklung man kennen sollte.

Für Produktionsunternehmen ist das wichtig. Diese Kosten werden normalerweise in der Kostenrechnung als fixe Kosten angesehen, deren Entwicklung beobachtet werden sollte. Verschiebungen sollten frühzeitig erkannt werden.

Die Kostenrechnung wird oft in mittelständischen Unternehmen stiefmütterlich behandelt. Aufwendig, oft nur für Controller verständlich, Tabellen die zu schwer zu verstehen sind. Dashboards schaffen Abhilfe, sie fassen die wichtigsten Daten zusammen, sodass Entscheidungen fundierter sind. Daher ist eine einfach strukturierte Kostenrechnung eben nicht aufwendig und Dashboards machen sie verständlich.

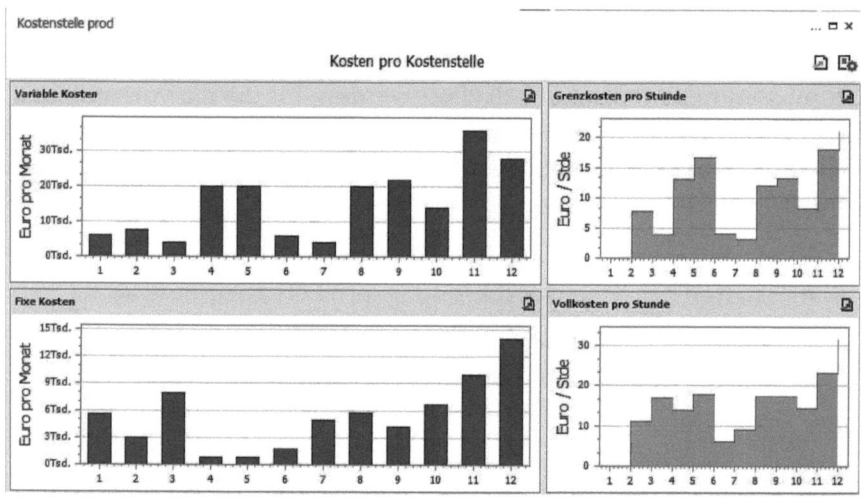

12 Stundensätze der Kostenstellen

Das folgende Dashboard zeigt die Differenz zwischen den in der Kostenstelle angefallenen Kosten und die auf Fertigungsaufträge verrechnete Kosten, jeweils zu Voll- und Grenzkosten.

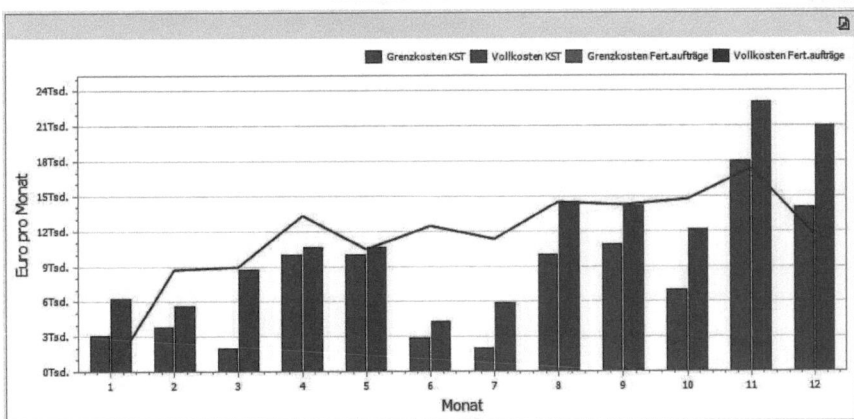

13 Gegenüberstellung der geplanten Kosten und der effektiven Kosten einer Kostenstelle

Aber natürlich gibt es gerade bei den Anforderungen, die eine Geschäftsleitung an ein Dashboard hat, erhebliche Unterschiede. Insbesondere Produktivität, Anteil der direkt produktiven Mitarbeiter, Anteil der Gemeinkostenarbeiten sind Anforderungen der Geschäftsleitungen.

Als Beispiel möchte ich den Umsatz nach Vertriebsmitarbeiter anführen. Da Geschäftsführer mittelständischer Unternehmen meist vertriebsorientiert sind, sind diese Kerndaten des Vertriebs wichtig.

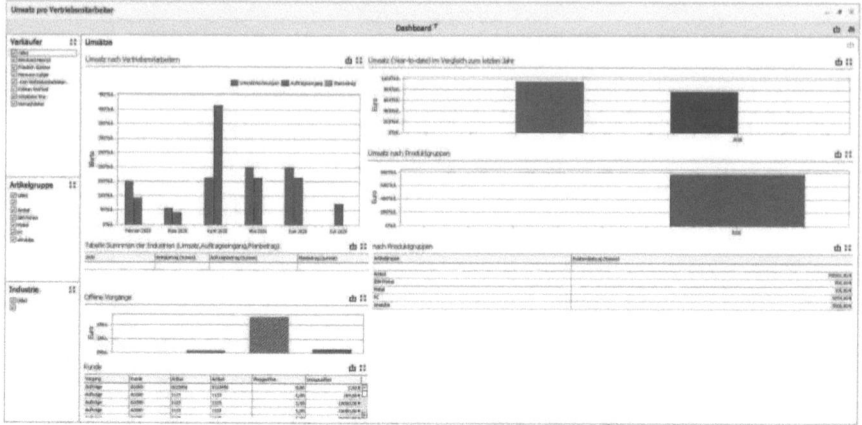

14 Umsatz nach Vertriebsmitarbeiter

Ein weiteres Beispiel ist der Umsatz pro Mitarbeiterstunden. Die Stunden der Mitarbeiter können alle Mitarbeiter beinhalten oder nur die di direkt an Aufträgen gearbeitet haben. In diesem Beispiel wurden die gemeldeten Stunden aufaddiert.

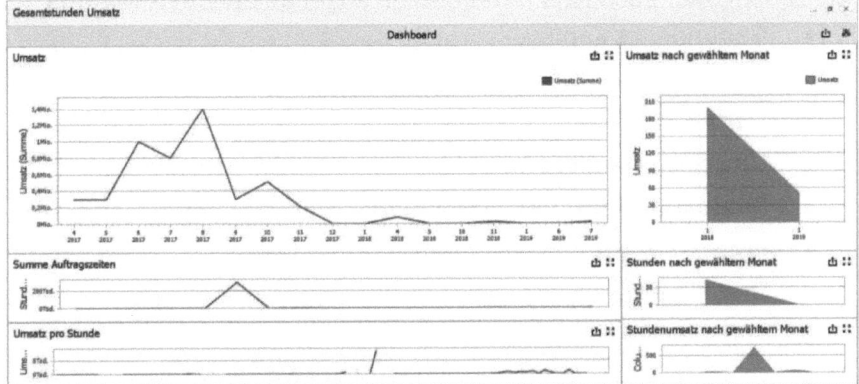

15 Umsatz und Mitarbeiterstunden

Aus der Vertriebsorientierung von Geschäftsführern kommt die Anforderung, die Preisentwicklung bei den jeweiligen Kunden zu kennen.

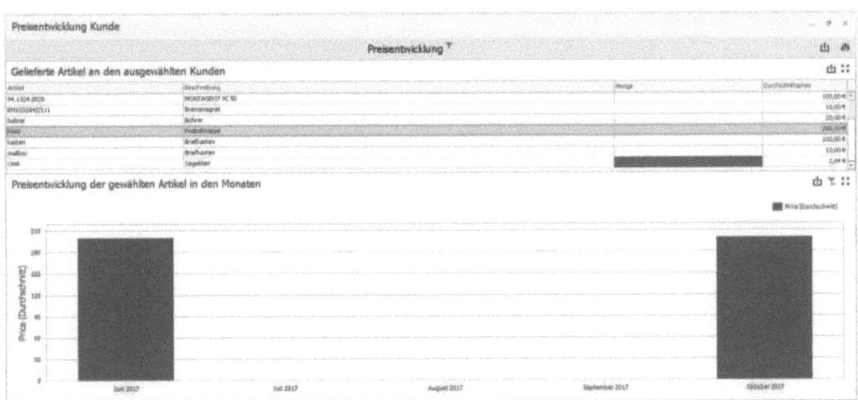

16 Preisentwicklung Kunde

Es können beliebig weitere Dashboards über Produktivität, Personal-
kennzahlen oder auch Finanzkennzahlen angeführt werden wie z. B.

- Gebundenes Kapital,
- Bestände,
- Kosten,
- Umschlagshäufigkeiten,
- Produktionsleistungen (Stunden),
- Prozesskosten,
- Durchlaufzeiten.

Hierdurch wird sichergestellt, dass Ziele definiert werden, die auch
überprüft werden können.

Es gibt hier keine Vollständigkeit, daher möchten wir anführen

Cashflow Produktion Operatives Betriebsergebnis + Abschreibungen +- Bestandsveränderungen	Working Capital Produktion Materialbestand - kurzfristige Verbindlichkeiten aus Lieferungen	Work in Progress Bestandswert der unfertigen Erzeugnisse im Produktionsprozess
Operatives Betriebsergebnis Umsatz (produzierte Stückzahlen) - variable Kosten der prod. Stückzahlen - fixe Kosten	Kosten pro Fertigungsstunde Lohnkosten Abschreibungen Energie Instandhaltung Zinskosten Instandhaltungskosten Werkzeugkosten	Kosten der Kostenstellen - variable Kosten -fixe Kosten
Durchlaufzeit Kundenaufträge	Time to Cash Kundenauftrag	Durchlaufzeit Produktionsauftrag
Produktivität	Auslastung kurzfristig langfristig	
Anz. Neukunden pro Jahr		

Unternehmenswerte beeinflussen mit strategischen Dashboards

Dieser Abschnitt beinhaltet:

Umsätze und Deckungsbeiträge der Kunden

Umsätze und Deckungsbeiträge der Produkte

Mit welcher Produktivität werden Produkte gefertigt

Lieferzeiten

Durchlaufzeiten

Bestände

Auslastung und Produktivität der Ressourcen

Stabilität der Prozesse in Auftragsabwicklung und Logistik

"DIE STRATEGIE IST EINE ÖKONOMIE DER KRÄFTE."

G. von Clausewitz

Die Erfahrung zeigt, dass man Dashboards standardisieren sollte. Es werden sonst immer wieder neue Dashboards vorgeschlagen und eingeführt, es ist aber schwierig die Aussagen des Dashboards immer wieder zu aktualisieren. Zuletzt wird ein Teil der Dashboards dann nicht mehr genutzt.

Eine klare Gliederung in

- Kunden,
- Produkte,
- Ressourcen,

erscheint sinnvoll und praktikabel.

Business Performance und Activity based Cost Management.

Aus der Sicht der Unternehmensleitung machen Dashboards, die aus der Kostenrechnung, „Business Performance" kommen, Sinn.

Daneben stellen Kennzahlen die Kosten pro Auftrag / Fertigungsauftrag / Bestellung dar. Wir bezeichnen diese Werte als Kosten aus Activity based Cost Management. Daher kann man die Gliederung erweitern um:

- Business Performance,
- Activity based Cost Management.

Dashboards sollten immer zu Ergebnissen führen. Wenn entschieden ist welche Dashboards installiert werden sollen, wird das weitere Vorgehen sein:

- Dashboard,
- Analyse,
- Maßnahmen,
- Ergebnisse.

Die stufenweise Installation der Dashboards und die Unterstützung durch Analysemöglichkeiten führt sicher zu gezielten Maßnahmen und damit zu besseren Ergebnissen.

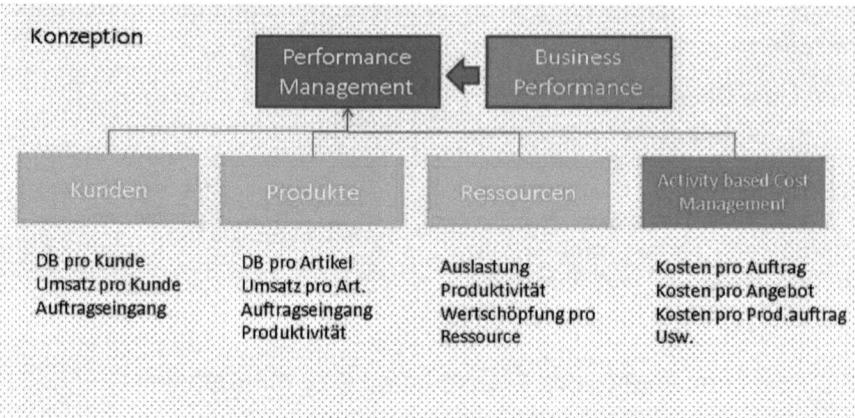

17 KPI's / Performance-gaps

Insofern verstehen wir Dashboards als ein Werkzeug, mit dem man die organisatorische Gestaltung des Unternehmens weitertreiben kann.

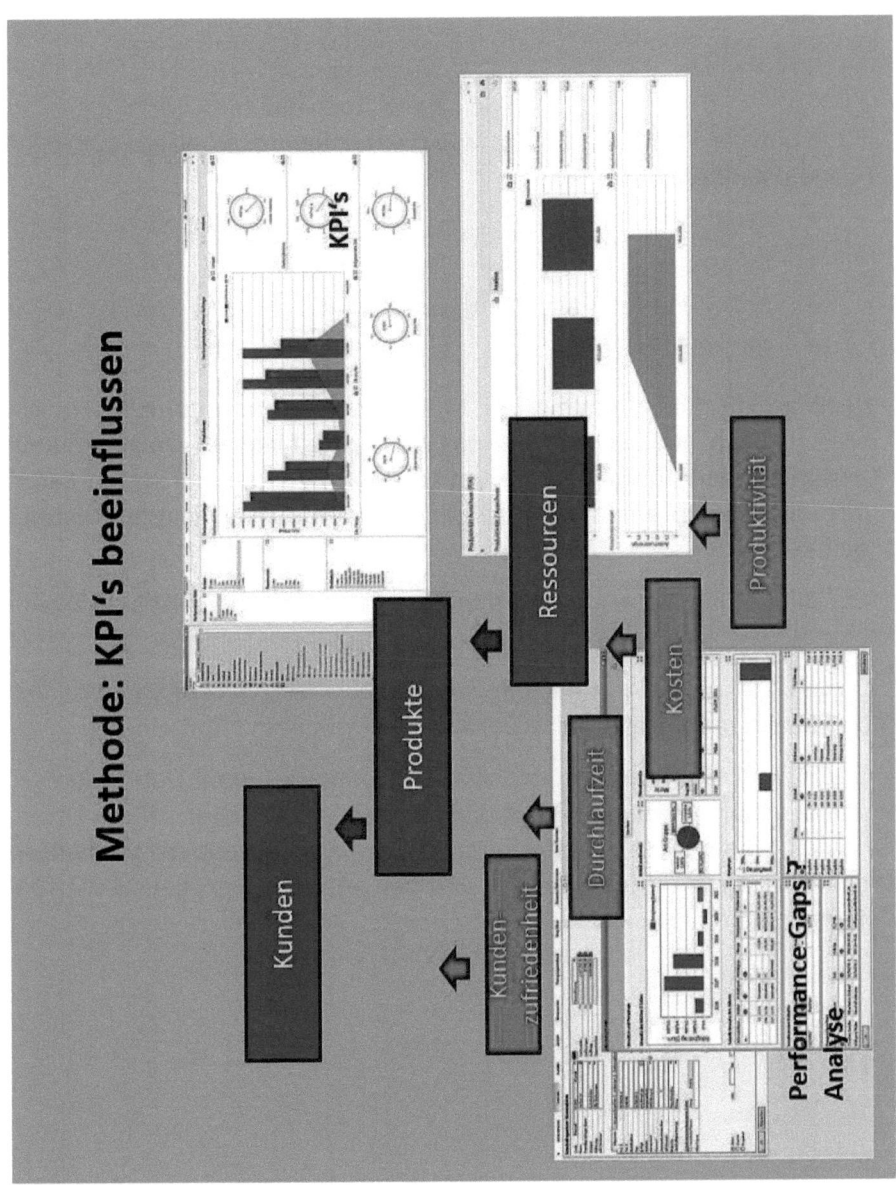

Abbildung 18 Methode

Nach unserer Erfahrung sind gerade die Dashboards über:

- Kunden,
- Produkte,
- Ressourcen,
- Activity based Cost Management und
- Business Performance

geeignet die Beeinflussung der Werte des Gesamtunternehmens sicherzustellen. Wie anders soll das denn sonst gehen. Unternehmen arbeiten immer für ihre Kunden mit ihren Produkten und setzen dafür ihre Ressourcen ein. Also muss man gerade darauf achten. Kostenrechnung untermauert das Ganze.

Die Gliederung bietet sich auch an, da man damit die einzelnen Dashboards zusammenfassen kann.

Diese Dashboards sind mit Registern zusammengefasste Dashboards, die jeweils mehrere einzelne Dashboards enthalten (Container).

Grundsätzlich geht es immer darum aufzuzeigen, womit Unternehmen sich beschäftigen und wie gut das gemacht wird. Daher sollten Dashboards immer die ertragsbezogenen Werte, insbesondere Deckungsbeiträge, Wertschöpfung zeigen und den aufwandsbezogenen Werten gegenüberstellen.

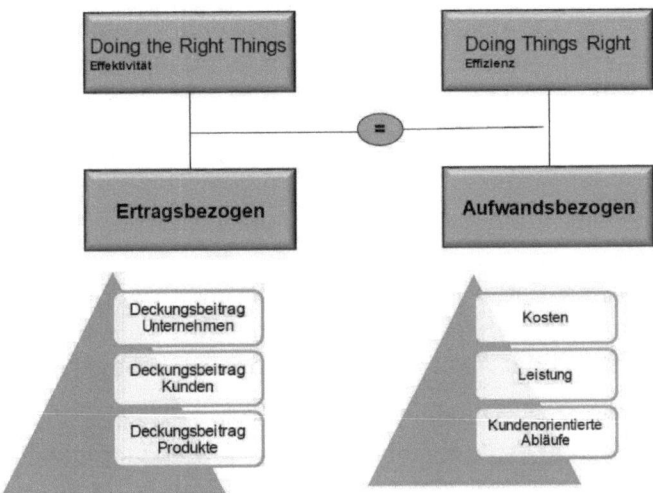

19 Ertragsbezogen - Aufwandbezogen

Die Gliederung der Dashboards in Stufen hat den Vorteil, dass man sicher sein kann, dass der Aufbau systematisch ist. Es geht darum, die Zielsetzungen der Kunden und des Unternehmens zusammen zu bringen. Neben den eigentlichen internen Kriterien wie Lieferzeiten, Durchlaufzeiten usw. können Anforderungen aus dem Marketing bestehen. Bei den internen Kriterien sind die Durchlaufzeiten, Produktivität und Kosten die wichtigsten Kriterien. Daher liefert die Kostenrechnung, insbesondere aus dem Ansatz „Activity based Costing" entscheidende Werte.

Neben der Beeinflussung der übergeordneten Dashboards spielen die Prozesse eine entscheidende Rolle. Lieferzeiten, Durchlaufzeiten, Produktivität und Kosten sind Ergebnisse der Prozesse, die ihnen zugrunde liegen.

Daher sollten die Analysemöglichkeiten gut genutzt und zu der jeweiligen grafischen Anzeige die Werte in tabellarischer Form angezeigt werden. Damit werden die Daten für den Anwender durch Filtermöglichkeiten analysierbar. Aus diesen Details werden dann Verbesserungsmöglichkeiten erkannt.

Daher haben wir in der untersten Stufe Analysedashboards gezeigt, die den Anstoß geben sollen die entsprechenden Abläufe zu überdenken und zu gestalten, um die damit verbundenen Werte in den übergeordneten Dashboards zu verbessern. Bei den Analysedashboards werden neben den Daten jeweils die Durchschnittswerte und Standardabweichungen angezeigt. Man erkennt sofort bei welchen Ressourcen, Produkten oder Abläufen stabile Prozesse vorliegen.

Das Wichtigste ist aber, dass man sieht ob die Prozesse den Kundenanforderungen entsprechen oder ob sie so streuen, dass immer wieder Lücken entstehen müssen, die man dann mit hohem Aufwand ausgleicht. Mit Dashboards leitet man einen Verbesserungsprozess ein, indem man immer wieder anschaut welche Situationen zu den Abweichungen geführt haben.

Hierzu legt man den Faktor der Standardabweichung fest. Dies kann man nutzen, um Werte zu finden die an den unteren und oberen Grenzwerten liegen. Auf diese Daten kann man jeweils direkt springen, um sich die Aufträge, Fertigungsaufträge, Arbeitsgänge usw. direkt ansehen zu können. Dadurch sollte man Ursachen finden können die zu den schlechten oder sehr guten Ergebnissen geführt haben. Hieraus sollte ein Maßnahmenkatalog erarbeitet werden, der dazu führt, dass die Ergebnisse immer besser werden. Es ist ein kontinuierlicher Prozess in Gang gesetzt.

Ein weiterer Gesichtspunkt ist, dass man mit Dashboards und Analysen die Abläufe erkennt, die grundsätzlich zu verbessern sind. Das sind dann zu lange oder zu stark schwankende Liefer- bzw. Durchlaufzeiten, zu niedrige oder stark schwankende Produktivität, zu hohe oder stark schwankende Kosten.

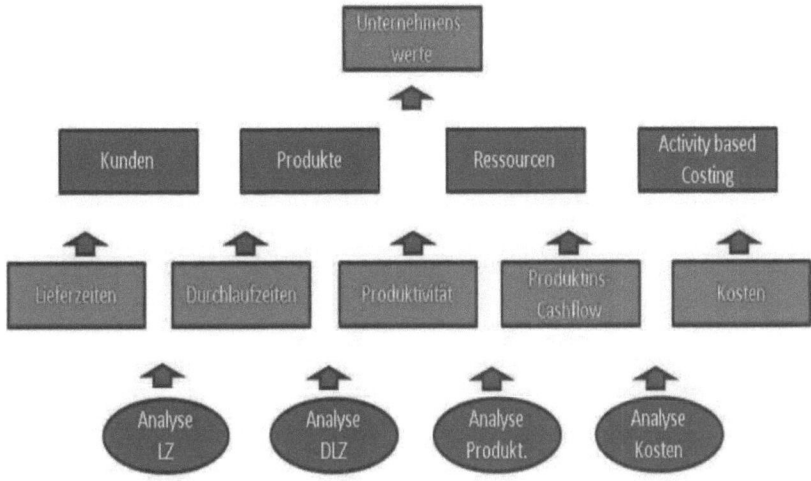

20 Stufen der Dashboards

Natürlich kann diese Gliederung jederzeit erweitert werden, wie es den Anforderungen der Beteiligten entspricht.

Wenn man sich die Funktionen der Dashboards ansieht, erkennt man, dass es oft um Details geht die irgendwann aufgefallen sind. Das ist aber zu kurzfristig gedacht, es geht darum, ein System einzuführen, das das Unternehmen weiterbringt. Daher muss man immer drei Bereiche sehen:

- Dashboards,
- Kostenrechnung,
- Erkennen von Schwierigkeiten.

Man setzt eine Vorgehensweise in Gang, die zu besseren Ergebnissen führt. Vielleicht nicht zu schnell, dafür aber dauerhaft.

Hierbei spielt immer die Zusammenarbeit mit den EDV-Verantwortlichen, insbesondere mit dem SAP-Partner der das System betreut, eine wichtige Rolle. Unternehmen haben oft nicht die Kapazität diese Arbeiten alleine durchzuführen und benötigen einfach Unterstützung.

Kunde	Produkt	Unterstützung
• Bessere Übersicht • Einfache Handhabung • Schnellere Entscheidungen • Sichere Entscheidungen	**Dashboards:** Kunden Artikel Ressourcen	Analyse: was der Kunde braucht Lieferung der Dashboards
	Activity based Cost Management	Lieferung der Dashboards
• Kalkulationsgrundlagen • Stundensätze • Ergebnisrechnung	**Business Performance**	• Analyse • Einführung • Dokumentation
• Schwachstellen erkennen	**Gaps erkennen**	• Statistische Analysen • Produktivität • Durchlaufzeiten

21 Unterstützung bei der Einführung

Kunden

Unsere Erfahrungen haben wir zu einem Dashboard zusammengefasst. Es enthält Register, in denen die einzelnen Dashboards stehen. Enthält die Dashboards:

- Umsatz / Deckungsbeitrag,
- Preise,

- Mengen in denen geliefert wurde,
- Lieferzeiten und deren Einhaltung.

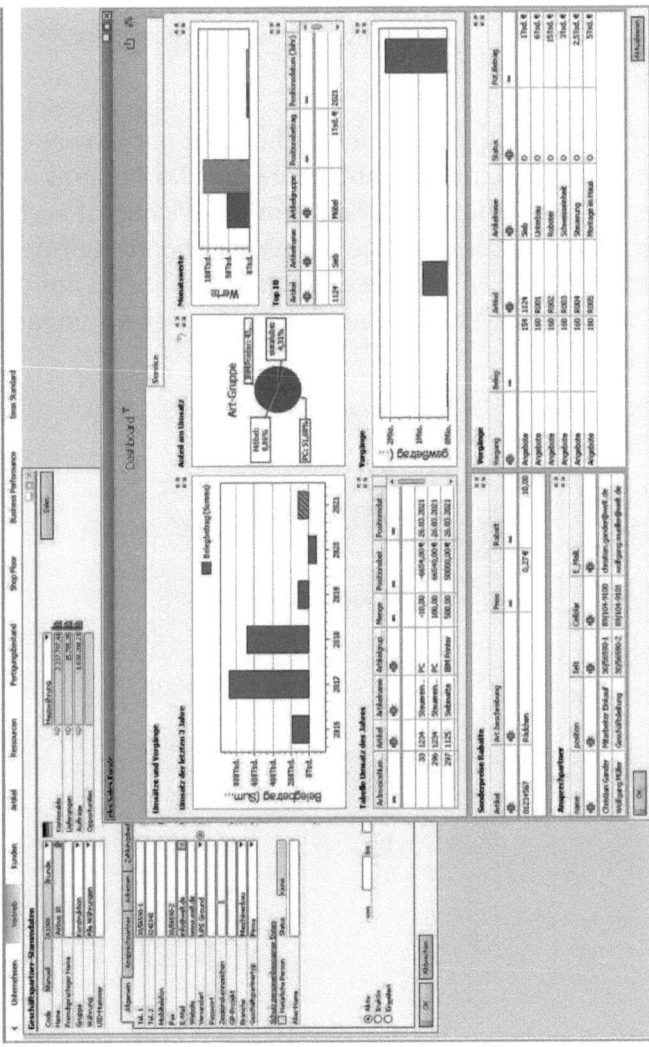

Abbildung 22 Kunden

Das Dashboard wird am besten über den Kunden-Stammsatz aufgerufen. Erfahrungsgemäß will der Anwender nach:

- Kundennummer,
- Name,
- Teile des Namens,

oder weiteren Kriterien suchen. Das ist mit Dashboards nur schwer zu erfüllen. Daher ist es sinnvoll, auf die Anbindung der Dashboards an Stammdaten zu setzen und diese darüber aufzurufen. Wichtig ist auch, dass der Anwender nur ein zusammengefasstes Dashboard aufrufen muss und darin dann blättert, anstatt die einzelnen Dashboards aufrufen zu müssen. Zusammengefasste Dashboards geben einen umfassenden Überblick.

Die Dashboards können durch Register erweitert werden.

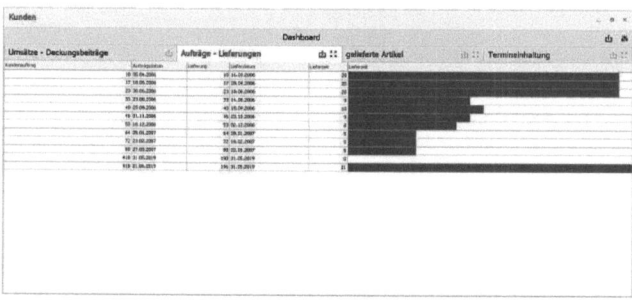

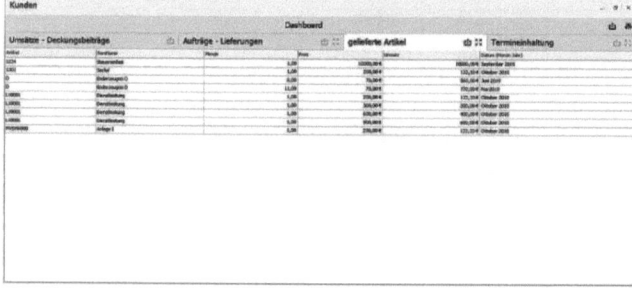

Abbildung 23 Register Kunden

Bei Aufruf über die Kunden-Stammdaten sieht das dann so aus:

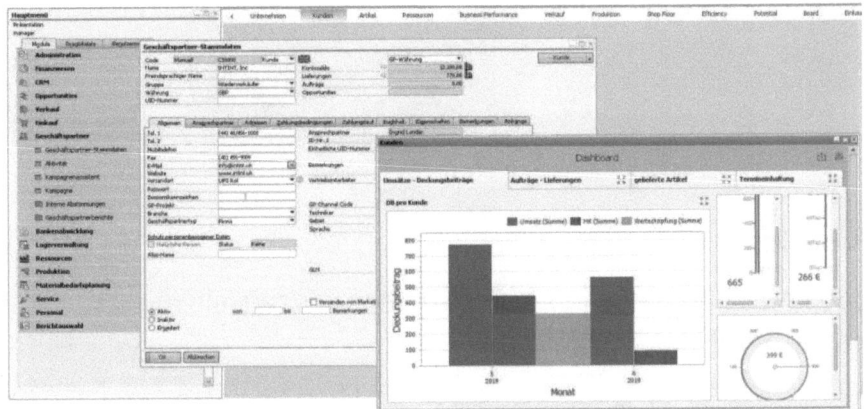

24 Aufruf des Dashboards über Stammdaten in SAP Business One«

Die Berechnung der Werte kann im Dashboard erfolgen oder es wird auf im System bestehende Daten zurückgegriffen. Das ist dann insbesondere die periodische Nachkalkulation der Produktionsaufträge.

Produkte

Bei den Produkten fassen wir diese Dashboards zusammen:
- Umsatz/Deckungsbeitrag,
- Gelieferte Mengen,
- Durchlaufzeiten,
- Lieferzeiten,
- Produktivität.

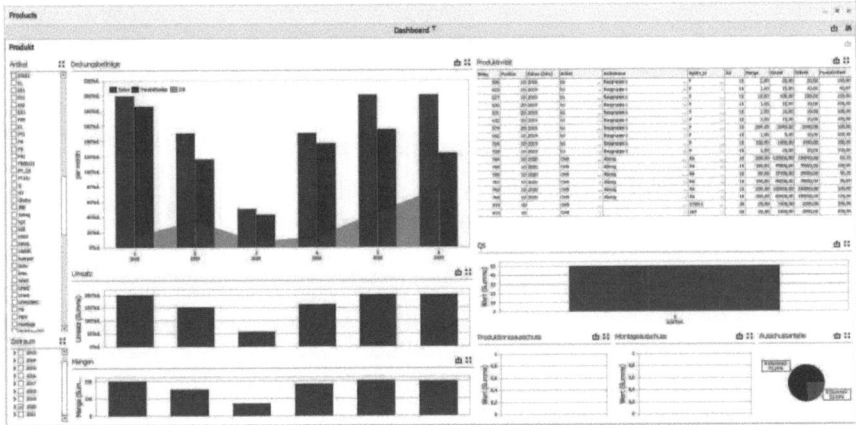

25 Dashboard Produkt

Aus unserer Sicht ist es besonders wichtig, bei den Produkten die Produktivität anzuzeigen. Man sieht dann erhebliche Unterschiede in den einzelnen Arbeitsgängen und erkennt auch, bei welchen Produkten die Planzeiten nicht vollständig angegeben sind. Mit diesen Werten wird ja kalkuliert und in der Nachkalkulation Differenzen zwischen den Soll-kosten, aufgrund der Planzeiten, und den Ist-Kosten, aufgrund der erfassten Ist-Zeiten, ausgewiesen. Es gibt niemanden, der alle Daten in seinem System korrekt hat, aber auf der Ebene der Produkte kann man die wichtigen Produkte prüfen und ergänzen.

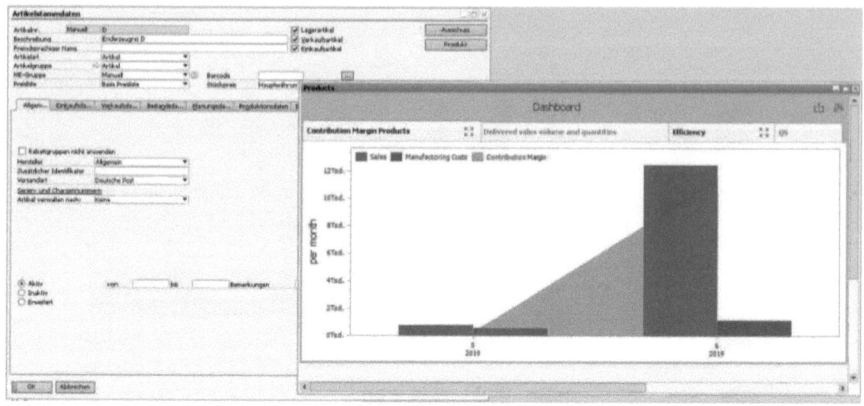

26 Produktdashboard aufgerufen über Stammdaten

Die Produktivität wird im Register angezeigt.

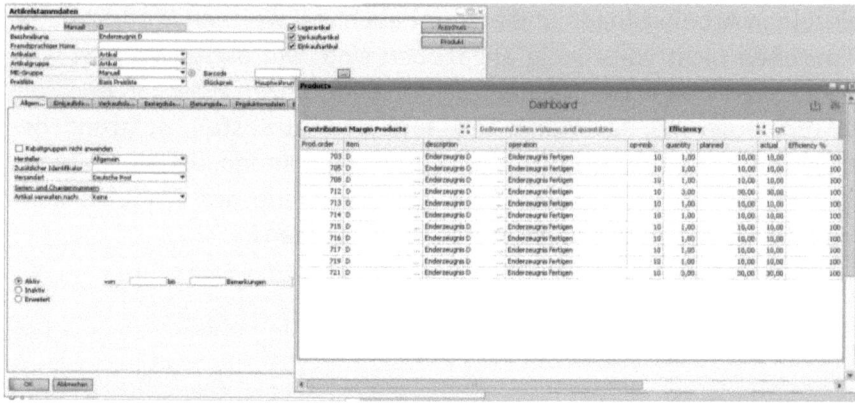

27 Registerdashboard Produkt Register 2

Aus dem Dashboard können die Fertigungsaufträge aufgerufen werden, sodass zur Klärung keine weiteren Programme aufgerufen werden müssen.

Ressourcen

Die zusammengefassten Dashboards enthalten folgende einzelne Sichten in den Registern:

- Auslastung,
- Produktivität,
- Deckungsbeitrag / Stunde,
- Prioritäten der Aufträge.

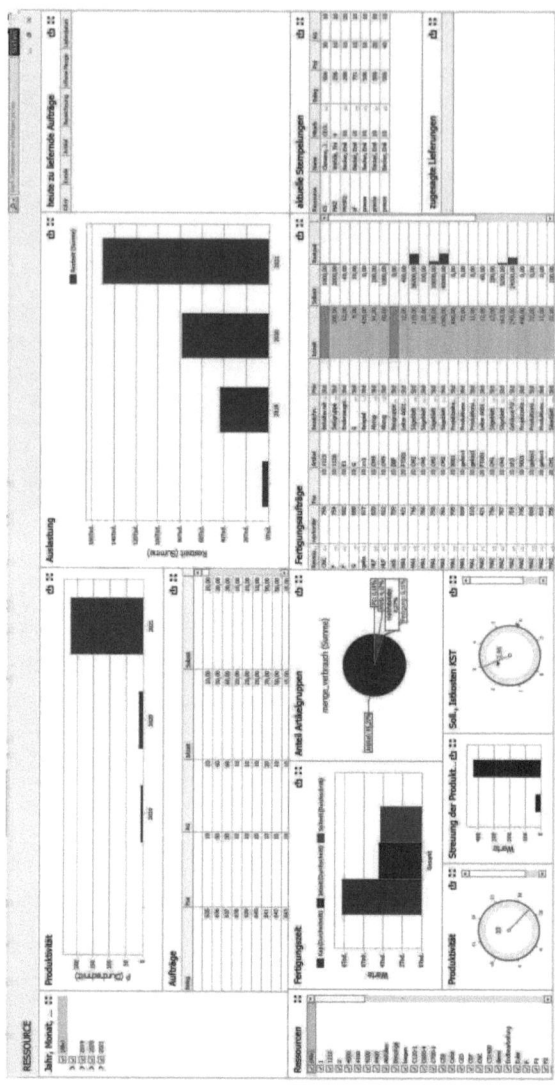

28 Registerdashboard Ressourcen

Die weitaus meisten Dashboards in Produktionsunternehmen werden über Produktivität erstellt. Daher kommt diesen eine besondere Bedeutung zu.

Neben der eigentlichen Produktivität kommt es darauf an, wie stabil die Produktion ist. Unter Stabilität versteht man die Schwankungsbreite, die die Produktivitätswerte annehmen können. Das kann man ausdrücken mit Standardabweichungen oder ähnlichen statistischen Werten. Es kommt darauf an, dass wir Planungssicherheit haben, Unterbrechungen führen zu notwendigen Umplanungen, die den Aufwand erhöhen. Daher weisen wir bei allen Produktivitätsstatistiken die Stabilität aus. Die Stabilität ist ein sicheres Zeichen wie gut oder schlecht eine Abteilung / Ressource organisiert ist. Ein Schwerpunkt eine Produktion flexibel und stabil zu organisieren, sind alle Rüstvorbereitungen.

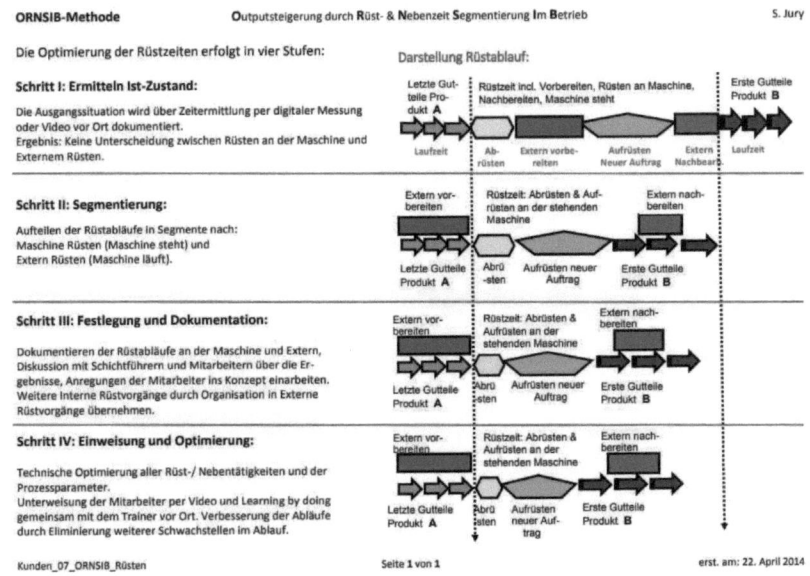

29 Rüstzeitreduzierung nach S. Jury

Rüstzeiten sind sehr gut beeinflussbar und gut geplante Rüstzeiten verringern damit die Unwägbarkeiten der Produktion. Die Abläufe sind stabiler. Durchlaufzeiten werden reduziert, was wesentlich zur Flexibilisierung der Produktion beiträgt.

Oft liegen die Probleme in der Einteilung und Zuordnung des Personals zu den Maschinen/Maschinengruppen. Dann wird versucht, die Anwesenheit des Personals in den Maschinengruppen in die Statistik einzubeziehen. Man unterscheidet dann zwischen Nutzung der Maschinen und der Kennzahl Ausbringung, die sich dann auf die aufgewendeten Personalstunden bezieht.

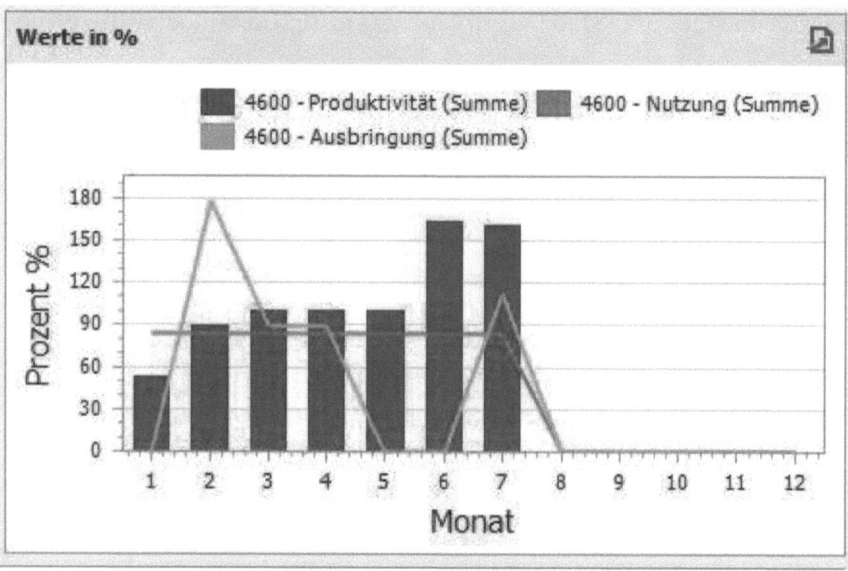

30 Produktivität einer Kostenstelle nach Nutzung und Ausbringung

Damit produktiv gearbeitet werden kann, sollte die Einplanung funktionieren. Daher erscheint es sinnvoll, in dem Dashboard „Ressourcen" die Auslastung der Ressourcengruppen anzuzeigen.

31 Auslastung der Ressourcengruppen

Die Einplanung kann ebenfalls mit Dashboards unterstützt werden. Man trägt zu einer stabilen Produktion bei, wenn man Arbeiten möglichst wenig unterbricht. beasmanufactoring enthält als Einplanung eine sogenannte Poolsteuerung. Dabei werden die Arbeitsgänge immer, je nach Priorität, in Pools abgelegt. Die Größe der Pools wird in Stunden gemessen und pro Ressource festgelegt. Der Sinn ist, die Aufträge für die Produktion in der Reihenfolge anzuzeigen wie sie entsprechend ihrer Priorität benötigt werden. Für die Fertigung sollte der oberste Pool möglichst wenig unterbrochen werden, darauf sind vielleicht schon die Rüstvorbereitungen angelaufen, die Einteilungen vor Ort getroffen usw., sodass eine Unterbrechung evtl. weitere Störungen nach sich zieht. Die Arbeitsgänge kann man im Dashboard farblich markieren und den Arbeitsfortschritt anzeigen.

In dem unteren Fenster wird gezeigt, welche Priorität der Auftrag hat. Dazu ob er bereits begonnen wurde.

Dies ist ein Beispiel, wie man mit Dashboards die Produktion vielleicht etwas stabiler halten und damit produktiver arbeiten kann.

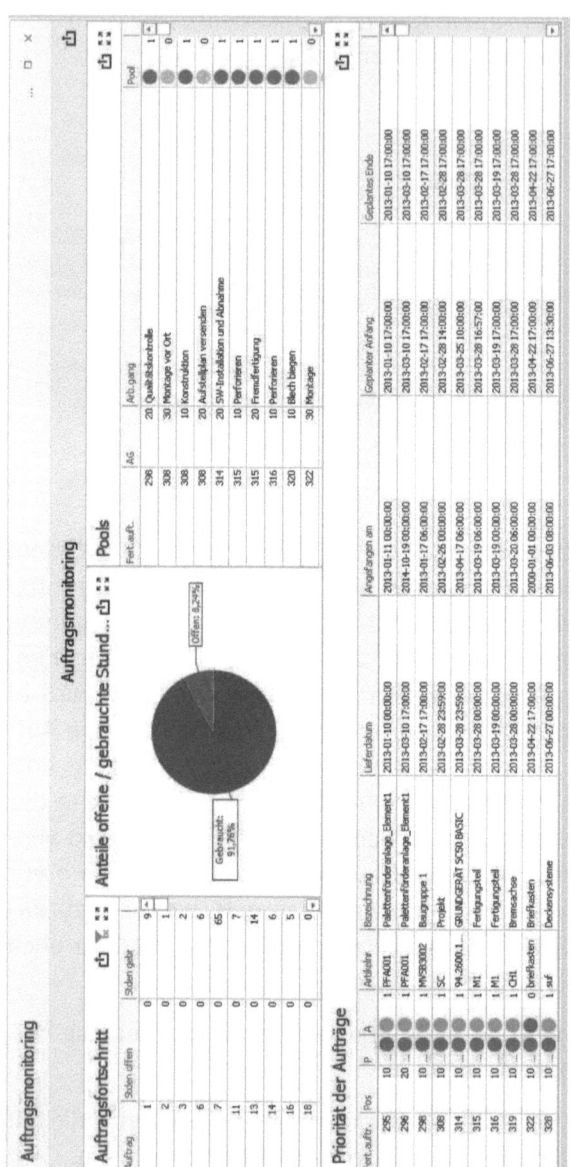

32 Unterstützung der Fertigungssteuerung mit Dashboards

Beeinflussung mit funktionalen Dashboards

Dieser Abschnitt beinhaltet

Mit Dashboards Abläufe überwachen mit Daten aus
- Kalkulation,
- Produktionsablauf,
- Auftragsabwicklung.

Mit Dashboards die Arbeit vereinfachen
- Daten immer verfügbar haben bei der täglichen Arbeit.

Mit Dashboards die Transparenz erhöhen
- Auftragsfortschritt,
- Terminsituation,
- Priorität der Aufträge.

Mit Dashboards Daten kombinieren
- Kalkulation neuer Produkte.

Mit Dashboards Daten verdichten
- Boards „at a glance".

NICHT MIT ERFINDUNGEN, SONDERN MIT VERBESSERUNGEN MACHT MAN EIN VERMÖGEN.

Henry Ford (1863-1947)

Das System ist als ein stufenweises Ergänzen ausgelegt. Die oberste Stufe bilden die Unternehmenswerte, darunter die zusammengefassten Dashboards für Kunden, Produkte und Ressourcen. Auf dieser Ebene sind auch Business Performance und Activity based Cost Management als Kostenrechnungsfunktionen zu sehen. Denn ihre Funktion ist es die Unternehmenswerte zu beeinflussen bzw. Daten hierzu zu liefern.

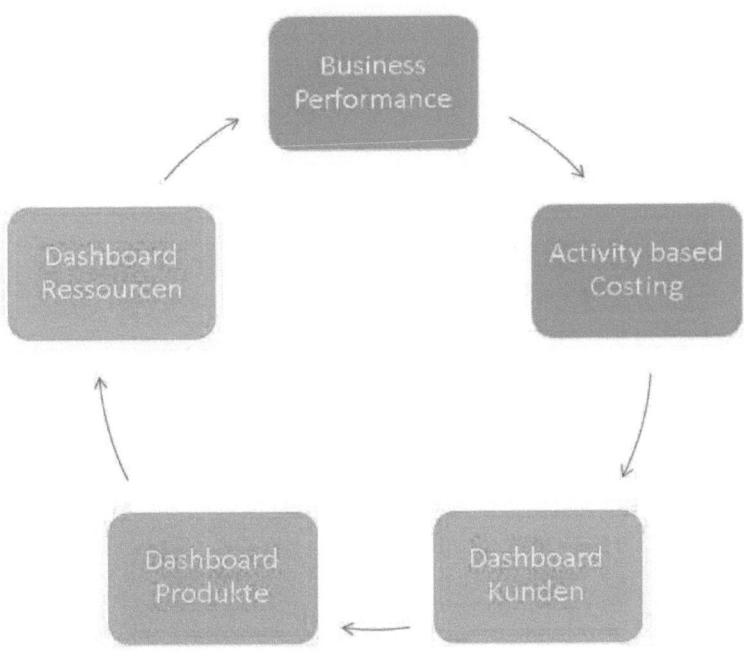

33 Beeinflussung der Unternehmenswerte

Hierzu stehen etliche Dashboards zur Verfügung. Einige, die wir als Standards bezeichnen würden haben wir in einem Katalog zusammengefasst, der durch die Praxis immer erweitert wird. Oft handelt es sich um sehr einfache Dashboards die selbst erstellt werden können

Wir haben unsere Dashboards in diesem Katalog zusammengestellt. Bitte nennen Sie uns die Anzahl Nutzer die unsere Dashboards nutzen sollen. Für Ihre Anmerkungen haben wir eine Spalte freigelassen

JOCHEN CLEMENS
Performance Management SAP Business One

Unternehmen	
Deckungsbeitrag Unternehmen	
Standard - Dashboards (Container)	
Ressourcen	
Kunden	
Artikel	
Business Performance - KPI's	
Analyse Performance Gaps	
Produktivität Ressourcen	
Lieferzeiten Produkte	
Kundenzufriedenheit	
Artikel (Ergänzungen oder einzeln)	
Deckungsbeitrag Artikel	
Umsatz Artikel	
Artikelumsatz nach Eigenschaften	
Artikelumsatz Kunden	
Produktivität, Improvement Artikel	
Bestand Artikel	
Auftragsmonitoring	
Kunden (Ergänzungen oder einzeln)	
Deckungsbeitrag Kunde	
Entwicklung Kundengruppen	
QS-Liefertermine	
Umsatz Vertriebsmitarbeiter	
Simulation der Kundenaufträge	
Simulation der Kundengruppen	
Monatsumsatz Kunde	
Prognose	

Gerne erstellen wir ein Angebot. Bitte senden Sie uns dieses Formular an Clemens@jochenclemens.de . Bitte mit Ansprechpartner und Telefon. Gerne können Sie uns auch anrufen 0049 172 130 54 65 Jochen Clemens GmbH, 76356 Weingarten

34 Katalog Dashboards der Jochen Clemens GmbH

Die Einführung von Dashboards erfolgt mit der Zielsetzung eine besseren Übersicht und Handhabung zu haben. Bessere Entscheidungsgrundlagen zu haben ist ein weiterer Gesichtspunkt.

Dazu kommt aber der Umstand, dass man mit Dashboards auch rechnen kann, besser gesagt in den Abfragen die den Dashboards zugrunde liegen. Das sieht man bei den Kalkulationsgrundlagen, in den Abfragen kann man Stundensätze errechnen oder Kosten pro Auftrag, pro Angebot usw. Diese Werte werden oft nicht von dem eigentlichen Kalkulationssystem ausgewiesen, mit Dashboards ist man einfach flexibler in zusätzlichen Berechnungen die man in der Praxis braucht.

Mit Dashboards Abläufe überwachen

Diese Dashboards sind oft Auswertungen, die die Abläufe beeinflussen sollen. Ein Beispiel ist die Überwachung der Lieferzeiten. Überschreitungen der Lieferzeiten werden markiert, damit man reagieren kann und Maßnahmen treffen kann, um Lieferzeitüberschreitungen zu verhindern. In dem Dashboard werden die Liefertermine verglichen mit den geplanten und die Differenzen ausgewiesen.

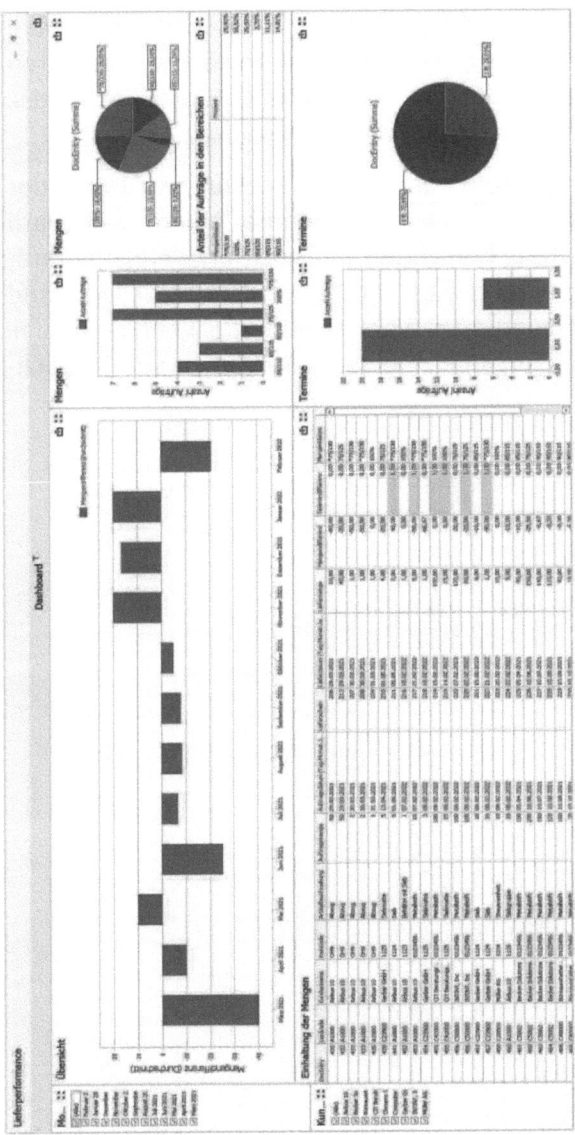

35 Lieferterminüberwachung

Ein interessanter Gesichtspunkt ergibt sich z. B. in der Produktion. Man könnte alle Ereignisse melden die man sehen möchte. Das wären dann Stillstände der letzten Schicht, Ausschuss des heutigen Tages, Fehlzeiten von Mitarbeitern in dieser Produktionswoche usw.

Es könnten auch Aufträge sein, deren Fertigstellung aufgrund der Durchlaufzeiten gefährdet ist. Dann würde man in einem Dashboard die minimalste Durchlaufzeit berechnen die noch notwendig ist aufgrund des Auftragsstands und dieses Datum mit dem aktuellen Stand vergleichen. Da die Dashboards als Web-Dashboard eigentlich überall angezeigt werden können, ergibt sich eine große Vielfalt von Möglichkeiten.

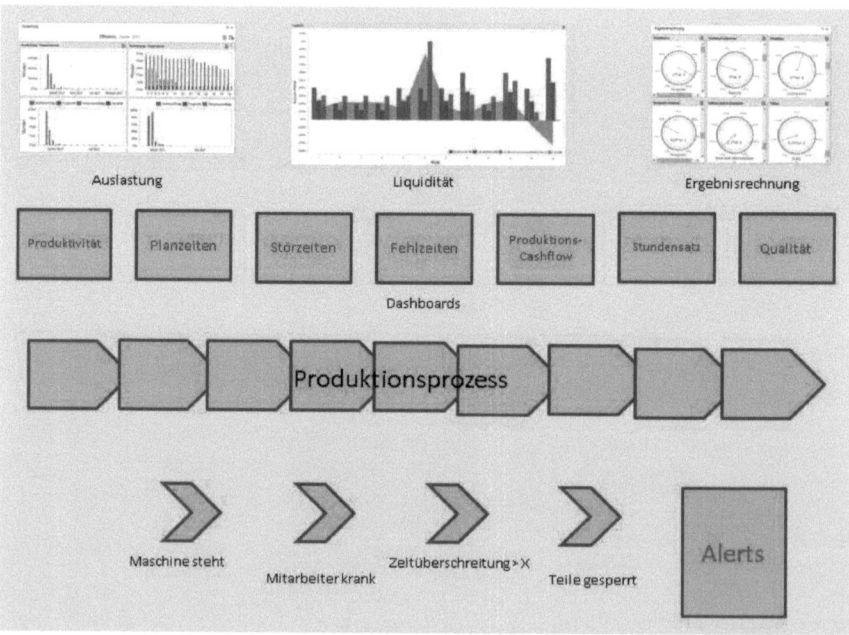

36 Elemente im Produktionsprozess

Dieser Ansatz gilt für alle Abläufe, also auch Auftragsabwicklung, Logistik, Bestellwesen usw. Bei der Auftragsabwicklung kann eine Analyse der Termineinhaltung so aussehen

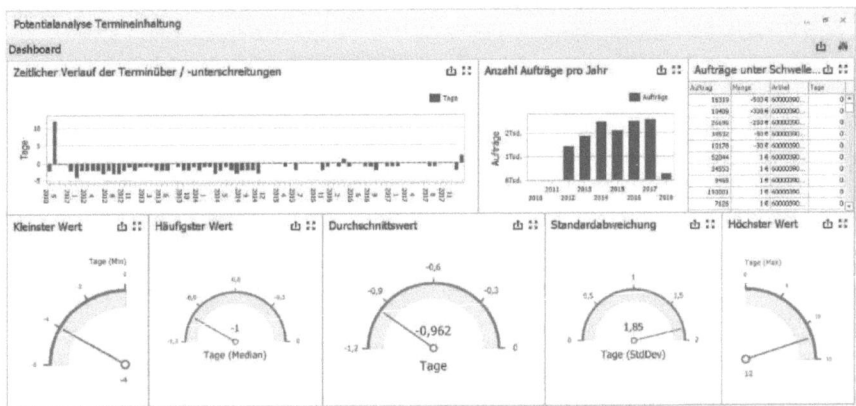

37 Potentialanalyse Termineinhaltung gegenüber Kunden

Diese Dashboards sind geeignet die Abläufe zu prüfen. Das setzt voraus, dass man das Dashboard aufruft.

Man kann das auch so einrichten, dass man bestimmte Ereignisse immer sehen will, und zeigt dies in Boards an. Das möchten wir in dem Punkt „Mit Dashboards Daten verdichten" zeigen.

Oft sind es nur sehr einfache Dashboards, die aber den Mitarbeitern helfen ihre Aufgaben wahrzunehmen. Das Dashboard „Kundenzufriedenheit" ist eine Liste, die sich jeder Mitarbeiter im Verkauf aufrufen kann. Er kann dann eine Befragung der Kunden starten und kann aus der Liste in die Aufträge oder Rechnungen springen.

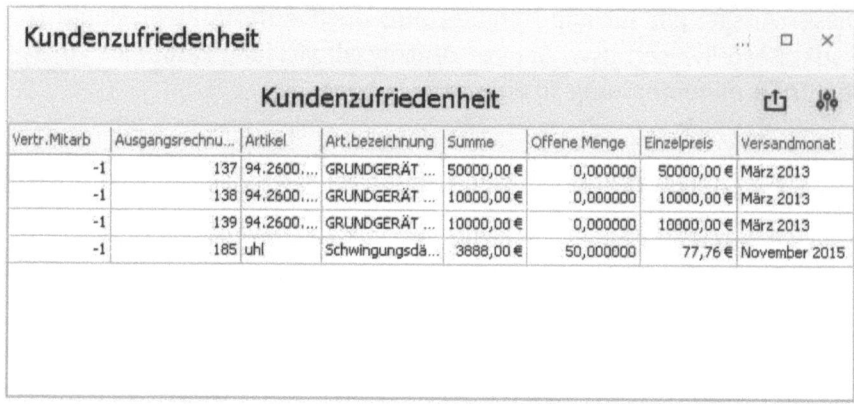

Vertr.Mitarb	Ausgangsrechnu...	Artikel	Art.bezeichnung	Summe	Offene Menge	Einzelpreis	Versandmonat
-1	137	94.2600....	GRUNDGERÄT ...	50000,00 €	0,000000	50000,00 €	März 2013
-1	138	94.2600....	GRUNDGERÄT ...	10000,00 €	0,000000	10000,00 €	März 2013
-1	139	94.2600....	GRUNDGERÄT ...	10000,00 €	0,000000	10000,00 €	März 2013
-1	185	uhl	Schwingungsdä...	3888,00 €	50,000000	77,76 €	November 2015

38 Kundenzufriedenheit

Der Umsatz der Vertriebsmitarbeiter kann sicher in vielfältiger Weise ausgewertet werden. Oft genügt aber schon eine einfache Darstellung.

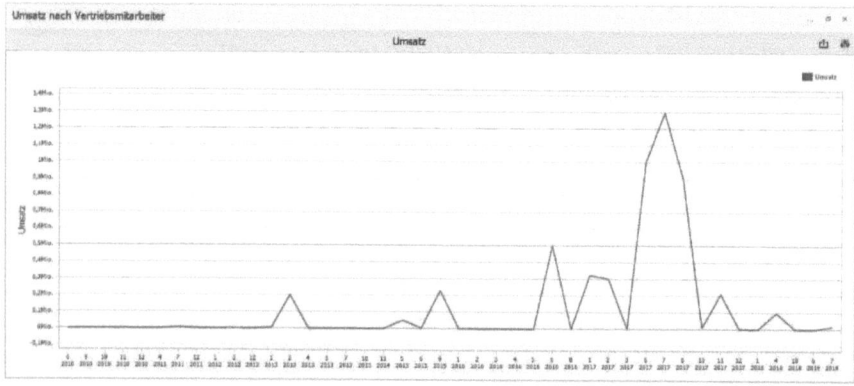

39 Umsatz nach Vertriebsmitarbeiter

Da es bei allen Produktionsunternehmen darauf ankommt die produktiven Anteile der Tätigkeiten zu erkennen, wird oft, meist anonymisiert, die produktive Zeit der Anwesenheitszeit gegenübergestellt.

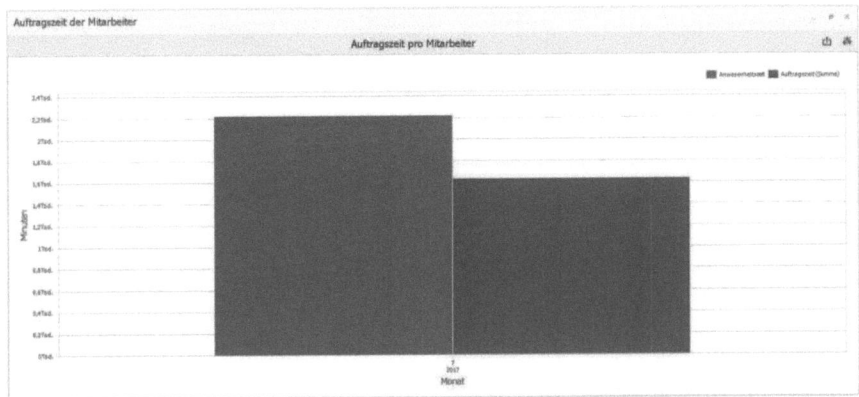

40 Gegenüberstellung Anwesenheitszeit / Auftragszeiten der Mitarbeiter

Mit Dashboards die Arbeit vereinfachen

Eine weitere Art von Dashboards wird eingesetzt, Abläufe zu unterstützen. Dieser Ansatz wird oft übersehen. Dashboards können die tägliche Arbeit vereinfachen, indem benötigte Informationen dort angezeigt werden, wo sie gebraucht werden. Damit sind Dashboards nicht nur zur Verbesserung der Transparenz da, sondern sie erleichtern einfach die Arbeit. Zum Beispiel zur Überprüfung der Stammdaten in den Arbeitsplänen. Aus den Fertigungsaufträgen wird die durchschnittliche Ist-Zeit gerechnet und den Planzeiten der Arbeitspläne gegenübergestellt.

Arbeitszeit

Planzeiten Istzeiten pro Arbeitsplatz

Istzeit aus den Aufträgen gegenüber den Planzeiten

41 Überprüfung Planzeiten

In diese Gruppe fällt auch eine Produktivitätsstatistik, die man über die Artikelstammdaten aufruft. Es wird die Produktivität der letzten Fertigungsaufträge angezeigt mit Datum und Menge. Damit hat man diese Daten zur Verfügung, wenn man sich den Artikel ansieht. Grafisch werden die hohen Stückzahlen hervorgehoben, damit man auf einen Blick sieht, was wichtig ist.

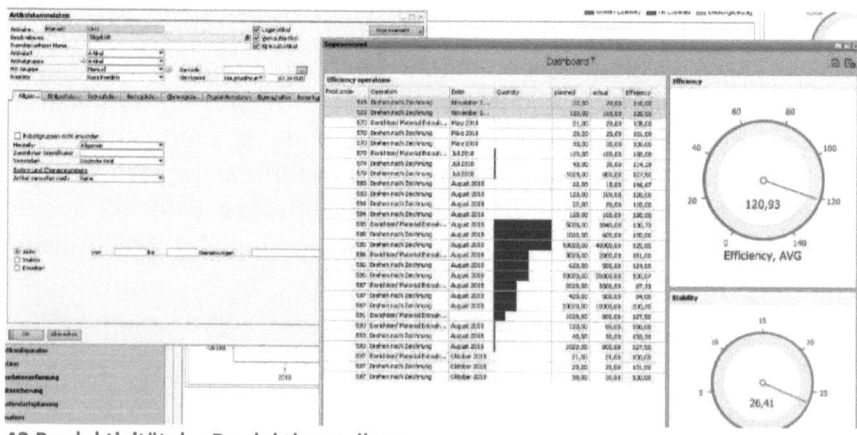

42 Produktivität der Produktherstellung

Man sieht bei welchen Produkten, welche Produktivität erreicht wird, das könnte bei Kalkulationen benötigt werden.

Oder man möchte sehen, welche Produkte wann zu welchem Preis geliefert worden sind und möchte die Information genau an der Stelle verfügbar machen, wo sie gebraucht wird. Sie steht dann mit einem Klick zur Verfügung.

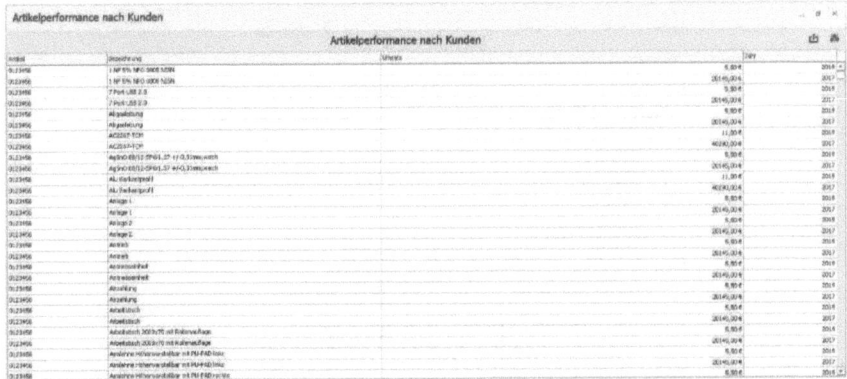

43 Preise der Artikel eines Kunden

Mit Dashboards die Transparenz erhöhen

Die Transparenz erhöht man durch übersichtliche Darstellungen, in diesem Beispiel aus SAP Business One® (Standard). Das Beispiel zeigt die Kapazitätsauslastung, die Produktivität und den Arbeitsfortschritt der Fertigungsaufträge. Beim Markieren des Produktionsauftrages wird der Auftragsfortschritt aktualisiert. Über die Ansicht der offenen Produktionsaufträge kommt man direkt in den Auftrag.

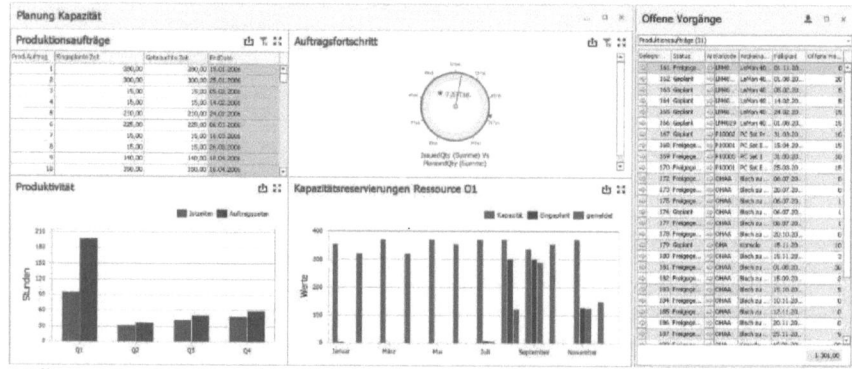

44 Übersicht Auslastung / Produktivität in SAP Business One® Standard

In Dashboards können Filter die Parameter an die weiteren Fenster des Dashboards weitergeben, sodass sich aufgrund von Markierungen in einem Fenster die übrigen Fenster anpassen.

In diesem Beispiel wird beim Klicken auf die Monatswerte das Fenster der Tageswerte aktualisiert.

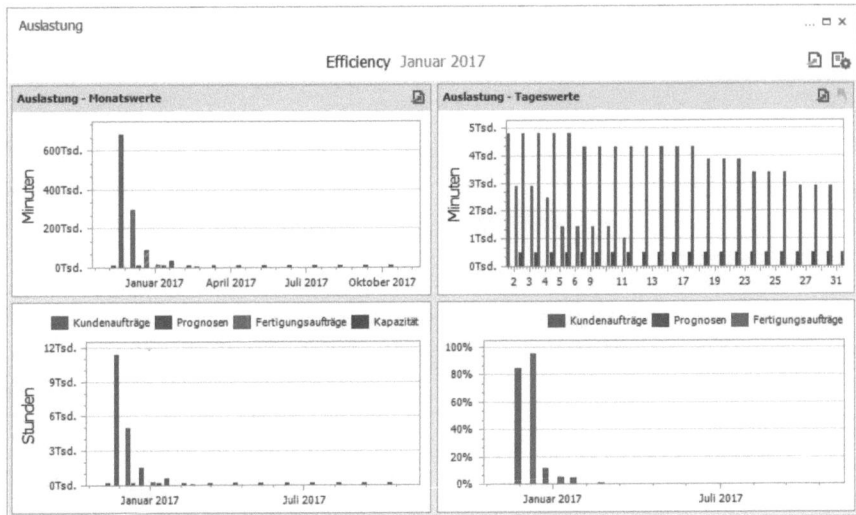

45 Kapazitätseinlastung

Damit lassen sich mit Dashboards relativ komplexe Sachverhalte vereinfacht und übersichtlich zusammenfassen.

Da gilt auch für die Produktivitätsstatistik. Sie zeigt übersichtlich die Entwicklung der Produktivität und der Ausschussmengen, gleichzeitig pro Artikelgruppe und pro Materialgruppe.

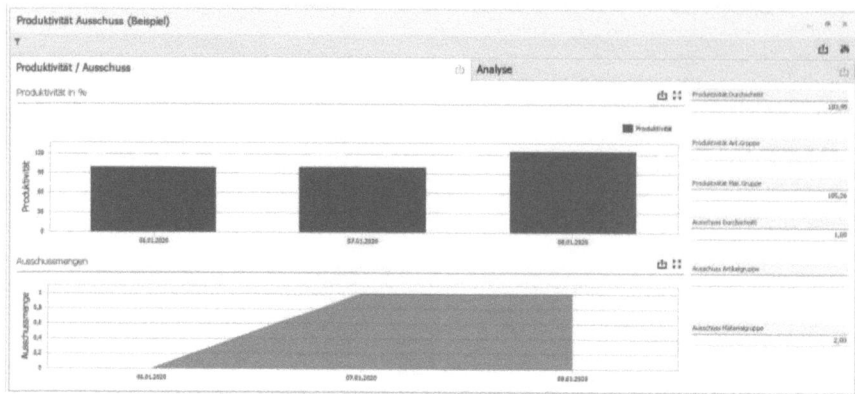

46 Produktivität Ausschuss nach Artikel- und Materialgruppen

Ein solches Beispiel ist auch die Bestandsrechnung. Neben den einzelnen Werten der Artikel werden in Messgrößen die Summen angezeigt.

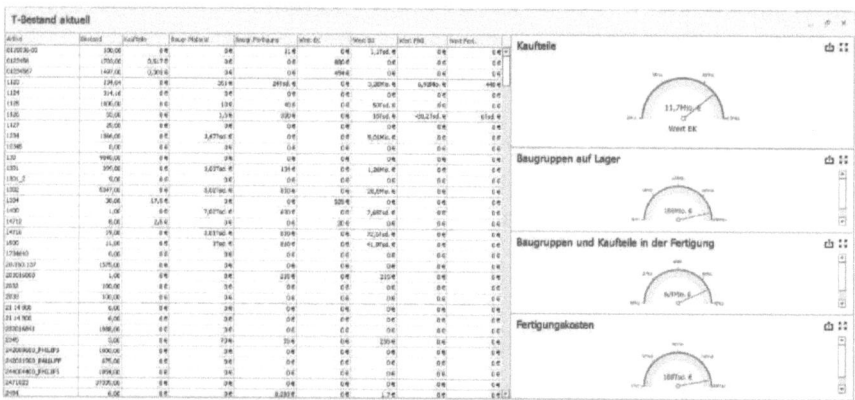

47 Bestand in Lager und Fertigung

Das Prognosedashboard zeigt die Ergebnisse der Prognose in SAP Business One®, markiert die zu beachtenden Werte und trägt damit zu einer besseren Übersicht bei.

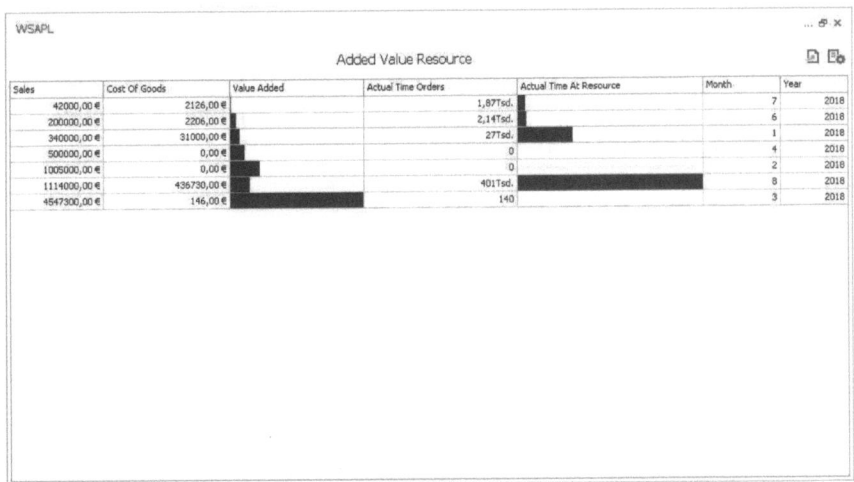

48 Prognose

Bei diesem Dashboard werden die Deckungsbeiträge der Artikel die über die Ressource gefertigt werden berechnet. Man erhält eine Basis für Wirtschaftlichkeitsrechnungen

49 Wertschöpfung, Deckungsbeitrag der Ressourcen

Die Produktivität kann man auf sehr unterschiedliche Art darstellen, hier mit einem Durchschnittswert und der Standardabweichung.

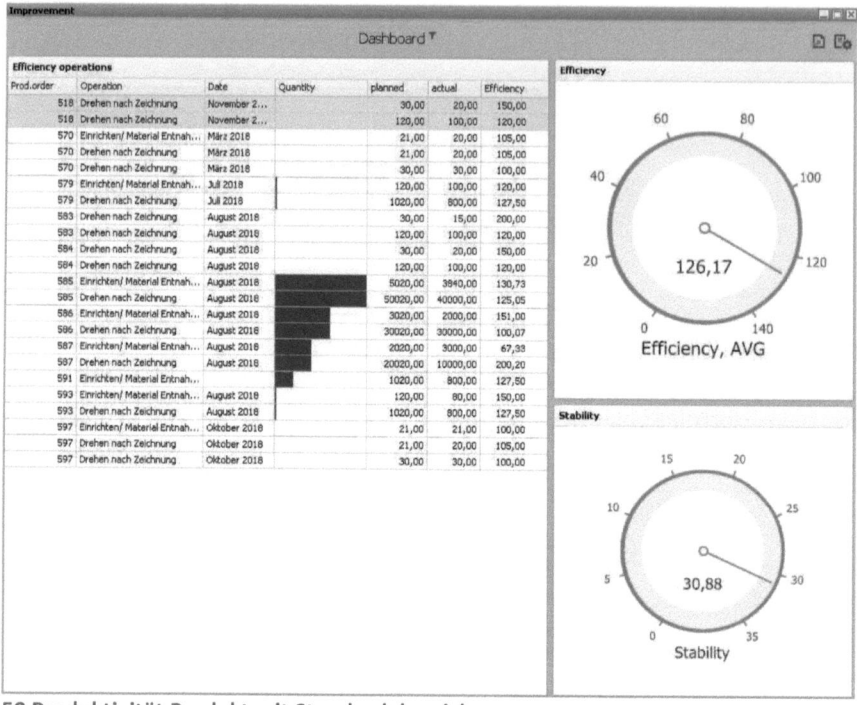

50 Produktivität Produkt mit Standardabweichung

Mit Dashboards Daten kombinieren

Bei der Kalkulation neuer Produkte versagen oft die bisherigen Kalkulationsschemen, man muss in einem neuen Schema mit anderen Basiswerten kalkulieren.

Um die zu realisieren, kann man aus dem bestehenden Kostenrechnungssystem die ergänzenden Werte herausrechnen und auch deren Entwicklung zeitlich verfolgen.

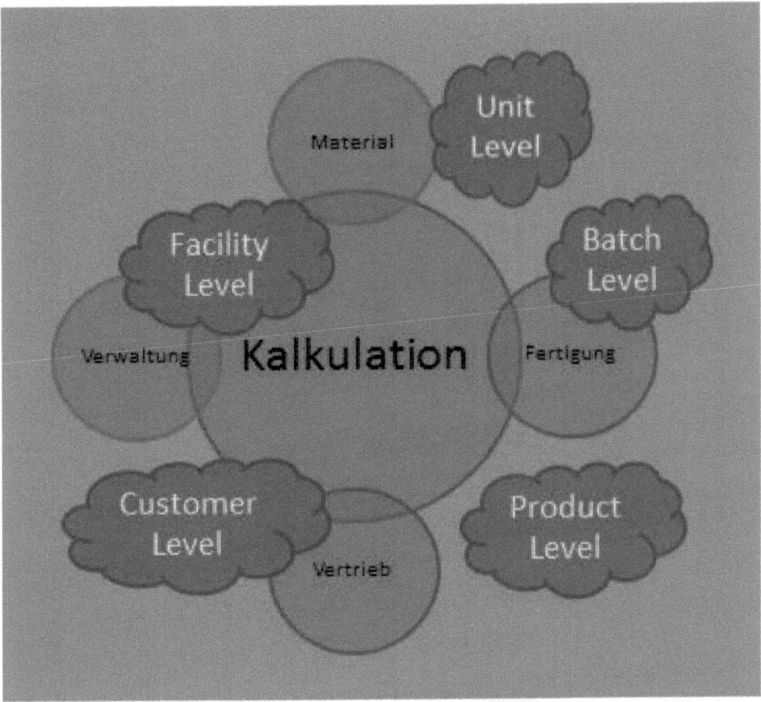

51 Kalkulation mit Daten aus Activity Based Cost Management (ABC)

Diese Werte brauchen nicht nur für die Geschäftsleitung interessant sein.

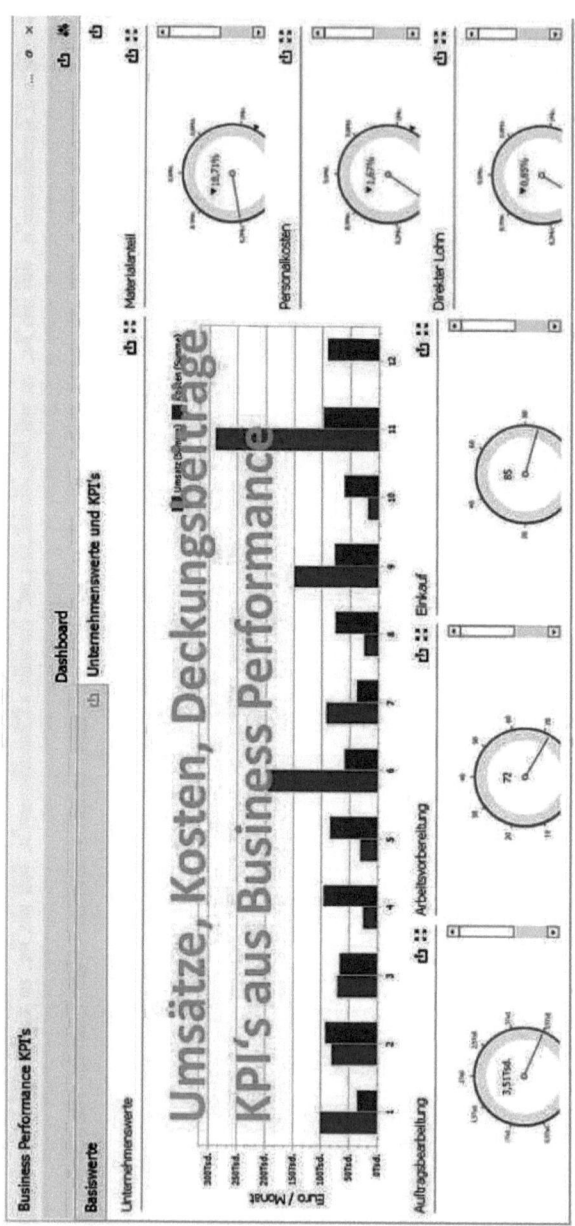

52 Anzeigen der ABC-Kennwerte in Dashboards

Mit Dashboards können Daten verdichtet werden

53 **Verdichtung der Produktionswerte**

Das Beispiel zeigt die Einplanung der Produktionsaufträge. Durch Markieren eines Auftrages werden alle Daten zu diesem Auftrag angezeigt:

- Arbeitsfortschritt,
- Arbeitsgänge und deren Priorität in der Einplanung,
- Priorität des Auftrages.

Praktisch kann man unbegrenzt verdichtete Dashboards aufbauen. So könnte man zum Beispiel für den Leiter einer Produktion ein Board aufbauen, in dem man für die einzelnen Maschinen / Anlagen zeigt welche Aufträge unter der erwarteten Produktivität lagen oder auch, wo Kosten aus dem Ruder gelaufen sind. Da die Daten aus dem vorhandenen ERP-System stammen, kann man das natürlich genauer prüfen, aber zunächst gilt es zu sehen, wo es Schwierigkeiten gegeben hat, auf einen Blick.

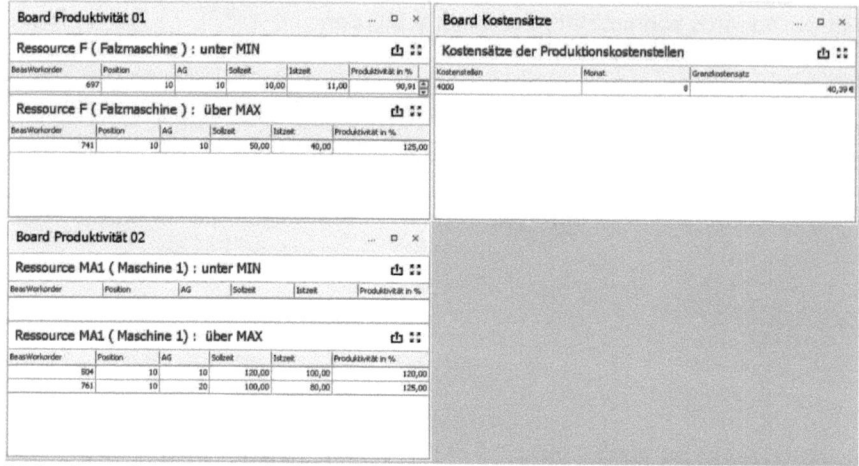

54 Stark verdichtete Wert in "Boards" anzeigen

Analyse-Dashboards

Dieser Abschnitt beinhaltet:

Analyse-Dashboard mit
- Durchschnitt
- Stabilität
- MIN-Leistung
- MAX-Leistung
- Analyse der Produktivität
- Analyse der Durchlaufzeiten
- Analyse der Lieferzeiten
- Analyse der Kosten

Ergänzen der Dashboards um Analysen die bestehen aus:
- Filtermöglichkeiten der Werte nach allen angezeigten Daten. Das sind dann
  - Produkte / Ressourcen / Zeiträume / Artikelgruppen usw.
- Anzeige der jeweiligen
  - Durchschnitte, Median, Standardabweichung.

Damit besteht die Möglichkeit, wichtige Kennzahlen genauer zu analysieren.

Die Analyse-Dashboards sind üblicherweise:
- Produktivität
- Durchlaufzeiten
- Lieferzeiten
- Kosten
- Stundensätze

Da in fast keinem Unternehmen alle Daten korrekt sind, bildet man zunächst Schwellenwerte. Sie sollen Werte die darunter oder darüber liegen, von der Analyse ausschließen. Diese Schwellen müssen Praktiker angeben, denn es sind dann Werte mit der Produktivität „0 %" oder über 200 % usw. Das sind meist Werte, die durch falsche Zeitbuchungen entstanden sind.

Die Werte innerhalb der Schwellengrenzen lassen sich mit Filterelementen filtern. Man kann nur eine Gruppe von Aufträgen in die Analyse einbeziehen oder nur einen bestimmten Zeitraum usw. Bei allen Veränderungen werden die Durchschnittswerte und die Stabilität neu berechnet. Bei unseren Anwendungen verwenden wir zur Verdeutlichung der Stabilität meist die Standardabweichung.

Das bedeutet, man erkennt sofort, ob die gefilterten Werte im Normalbereich liegen oder nicht und kann überprüfen, warum das so ist oder nicht ist. Wenn möglich kann man von den Zeilen direkt in den Beleg, Kundenauftrag oder Fertigungsauftrag springen. Dies ergibt auch die Möglichkeit, Abhängigkeiten zu erkennen. Wenn z. B. die Durchlaufzeit keine Abhängigkeit von der eingeplanten Zeit hat, muss man sich überlegen wie das Dashboard aussehen könnte.

Das weitere Ziel der Analyse ist Aufträge, zu erkennen die gut oder weniger gut gelaufen sind. Man könnte nun einfach die mit schlechter Produktivität nehmen und die mit einer besonders guten Produktivität. Das geht natürlich, aber besser ist es die Standardabweichung zu verwenden. Dann kann man Aufträge anzeigen die unter halb der Standardabweichung liegen, oder solche mit der 2-oder 3-fachen Standardabweichungen. Letztere wären dann Ausreißer, die man sich ansehen sollte. Aber auch die mit der 2-fachen Standardabweichung sind interessant, das sind dann die aus denen man lernen kann, was schlecht gelaufen ist oder was besonders gut gelaufen ist.

Die Berechnung mit Standardabweichungen hat den Vorteil, dass sich die Werte immer anpassen. Man wird vielleicht jeden Monat etwas besser und die Standardabweichung wird immer besser, das gesamte System wird stabiler. Man kann in der Praxis genau erkennen, welche Ressourcen gut organisiert sind und welche weniger gut.

Aus dem Grund hat man immer folgende Werte:
- Durchschnittswert,
- Stabilität, Standardabweichung,
- Werte unter dem Minimalwert,
- Werte über dem Minimalwert.

Wobei der Minimal- und Maximalwert mit einem Faktor der Stabilität / Standardabweichung berechnet wird.

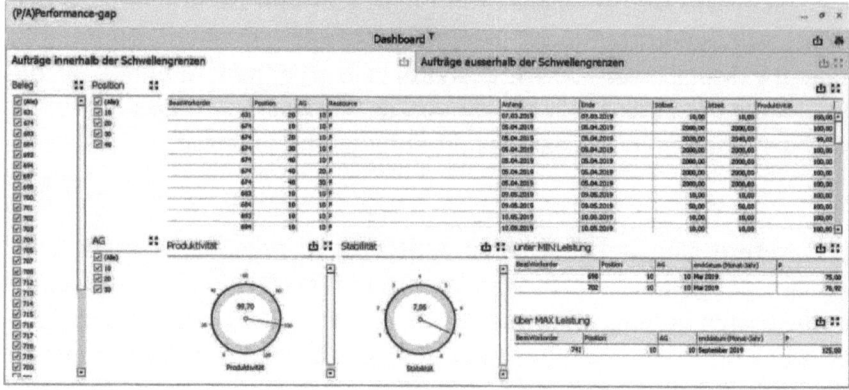

55 Aufbau Analysedashboard

In Produktionsunternehmen wird die Errechnung der möglichen Leistungen schon immer so durchgeführt. Man setzt einen bestimmten Anteil der Standardabweichung als Ziel und arbeitet durch Vermeiden von kleineren Störungen und besserer Organisation der Arbeitsabläufe darauf hin.

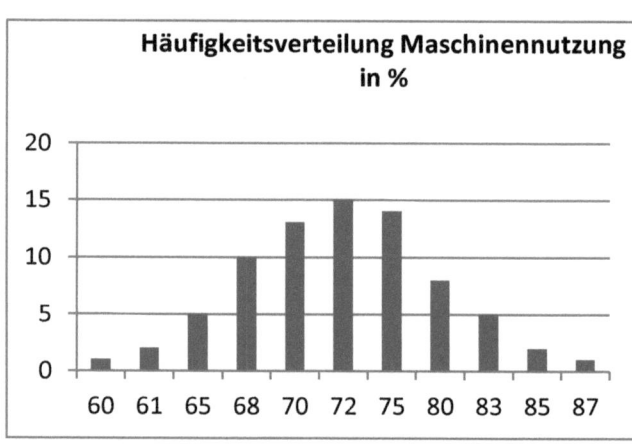

56 Standardabweichung

Ziel ist immer eine stabile Produktion, damit man wirtschaftlich fertigen kann. Stabil heißt nicht „in hohen Stückzahlen" sondern die vorgegeben Stückzahlbereiche wirtschaftlich fertigen.

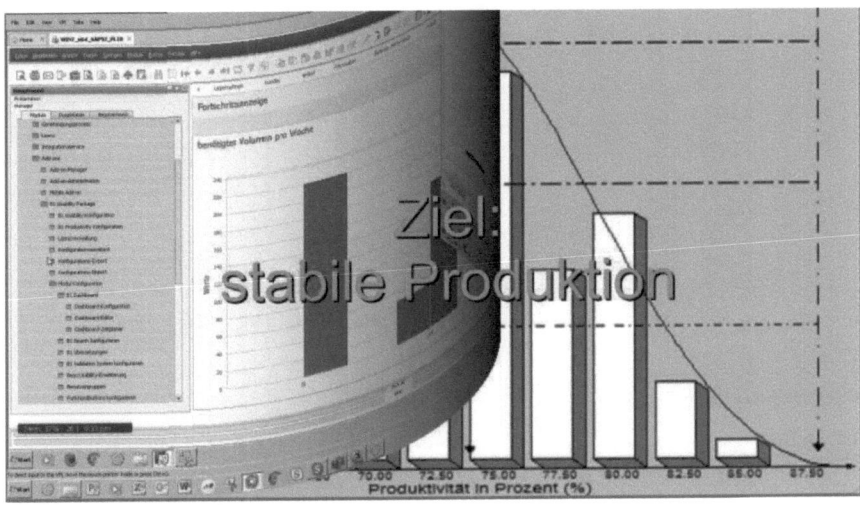

57 Ziel: stabile Produktion

Da die meisten Häufigkeitsverteilungen in der Praxis etwas verschoben sind, hin zu der Grenze der hohen Leistungen, heißt das, dass man nicht nur die Werte konzentriert, sondern die Werte, hier Produktivität, erhöht.

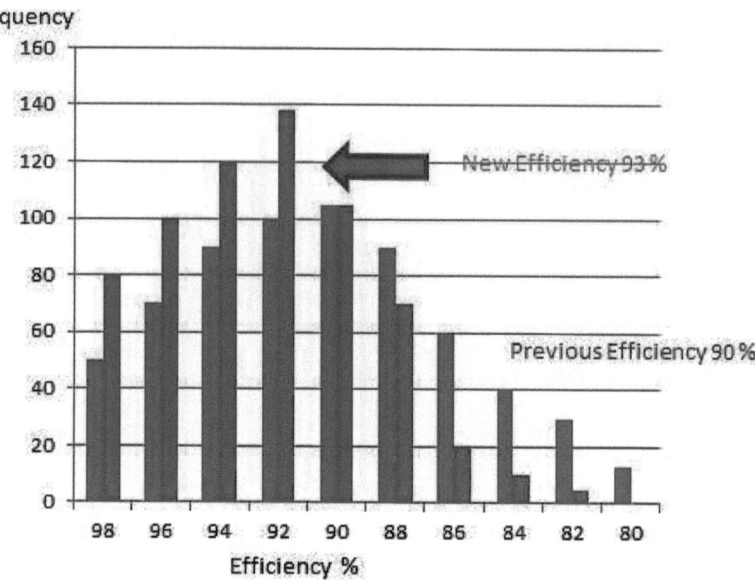

58 Veränderung der Abweichung

Man kann Maßnahmen treffen. Dies können bessere Schulung des Personals, bessere Rüstvorbereitung, flexibleren Einsatz des Personals, vorbeugende Instandhaltung usw. sein.

Der Vorteil liegt darin, dass immer sehr praktische Maßnahmen vorge-schlagen werden, da sie ja aus der Abwicklung der Aufträge erfolgen.

Damit werden die Kennzahlen beeinflusst

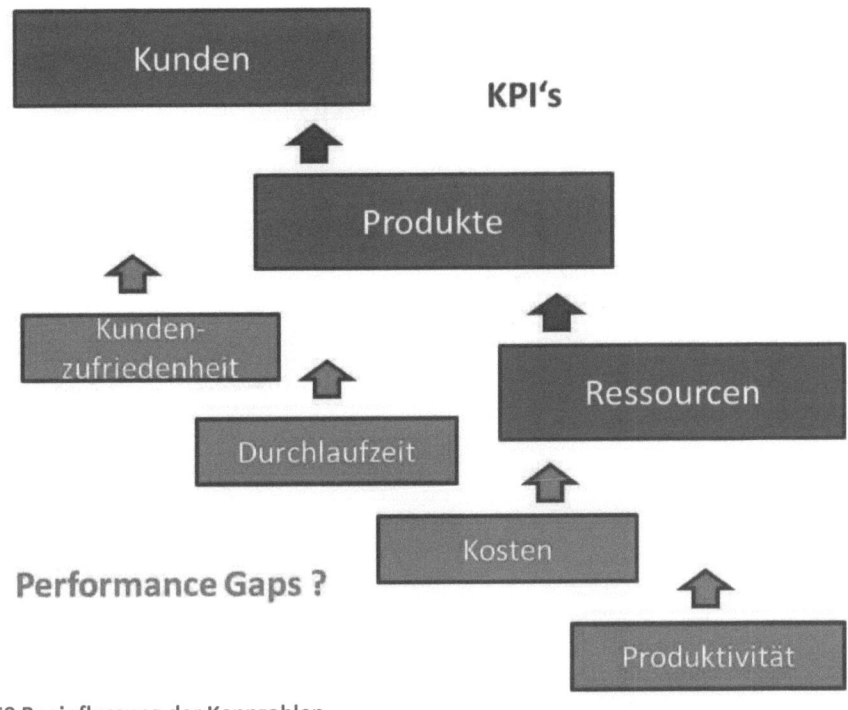

59 Beeinflussung der Kennzahlen

Natürlich gilt das nicht nur für Produktivität, sondern auch für Lieferzeiten, Durchlaufzeiten und Kosten

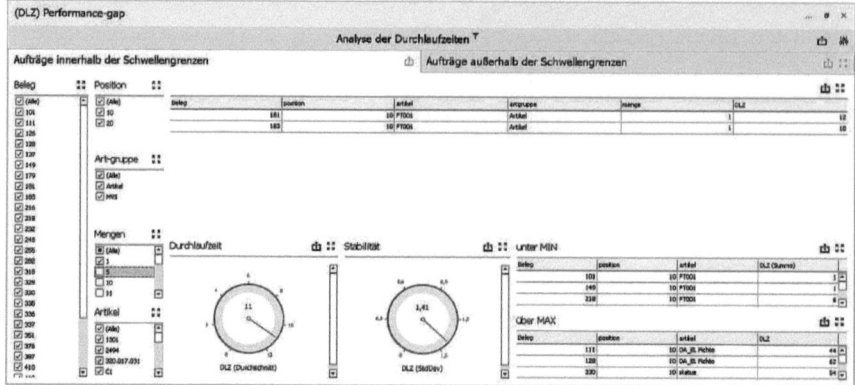

60 Analysedashboard Durchlaufzeiten

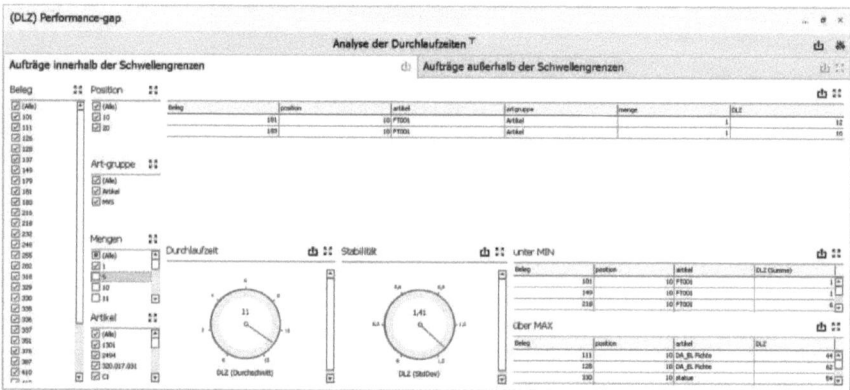

61 Analysedashboard Kostensätze

Die Analyse kann mit weiteren Kennwerten arbeiten, diese ist ein praktisches Beispiel aus einer Produktion.

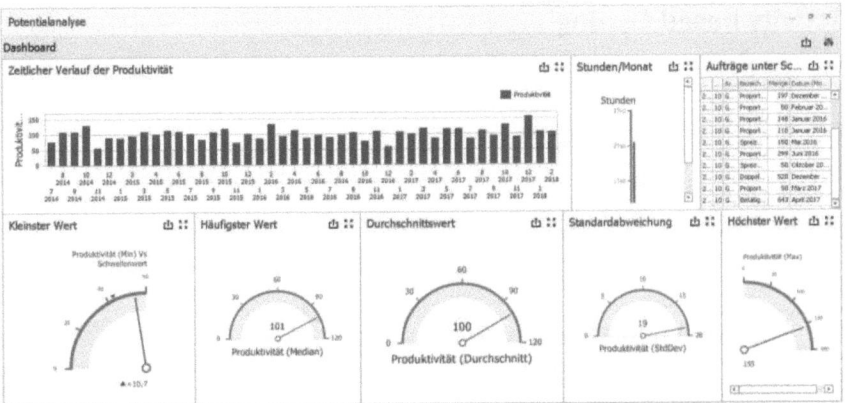

62 Verlauf der Produktivität

Activity based Costing

Dieser Abschnitt beinhaltet:

Kalkulation neuer Produkte

Kennzahlen der Prozesse

Wird eine Kostenrechnung eingesetzt, sollten Kennzahlen der Abläufe gebildet werden, das sind dann:

- Kosten pro Auftrag, Fertigungsauftrag, Kundenauftrag, Bestellung usw.

Basis hierzu sind die Gliederungen, wie sie in activity based costing vorgegeben werden.

Activity Based Cost Management verzichtet auf Umlagen von Kostenstellen. Die Kostenstellen werden Kategorien zugeordnet. Kategorien sind geordnet nach der Abhängigkeit von den Leistungen.

Unit Level (Direkte Kosten)

- zeigt die Kostenstellen, die direkt von der Produktionsleistung abhängen, das sind Material- und Fertigungskosten.

Batch level (Auftragsabhängige Kosten)

- zeigt die Kosten, die von der Häufigkeit der Auftragswechsel abhängen, das sind Rüstkosten und z. B. Arbeitsvorbereitung.

Product Level (Produktentwicklung)

- sind Kosten, die der Konstruktion, Entwicklung zugeordnet werden können.

Customer Level (Kundenabhängige Kosten)

- zeigt Kosten, die der Betreuung der Kunden zugerechnet werden können

Facility Level (Unternehmensfixkosten)

- beschreibt Kosten wie Grund und Gebäude, Administration usw.

Activity Based Cost Management will zu einer leichteren Beeinflussung der Ergebnisse führen und helfen Produktentscheidungen zielgerichteter zu treffen.

In SAP Business One® kann man diese Struktur mit Kostenstellen abbilden. Dashboards zeigen dann Kosten und Leistungsdaten an.

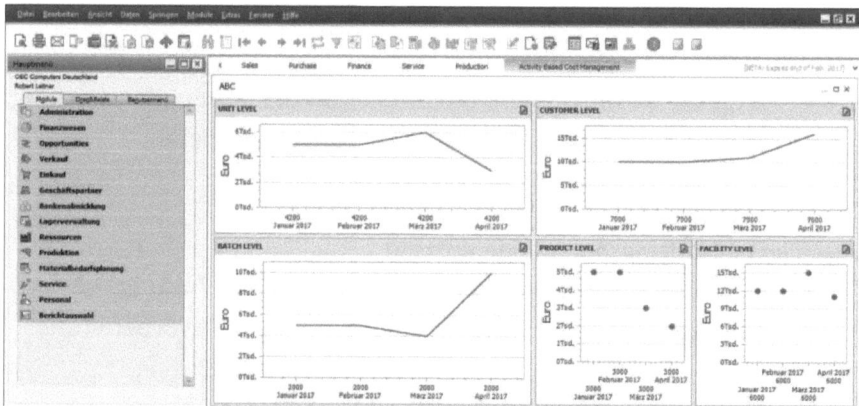

63 Activity Based Cost Management

Diese Werte kann man in Dashboards anführen

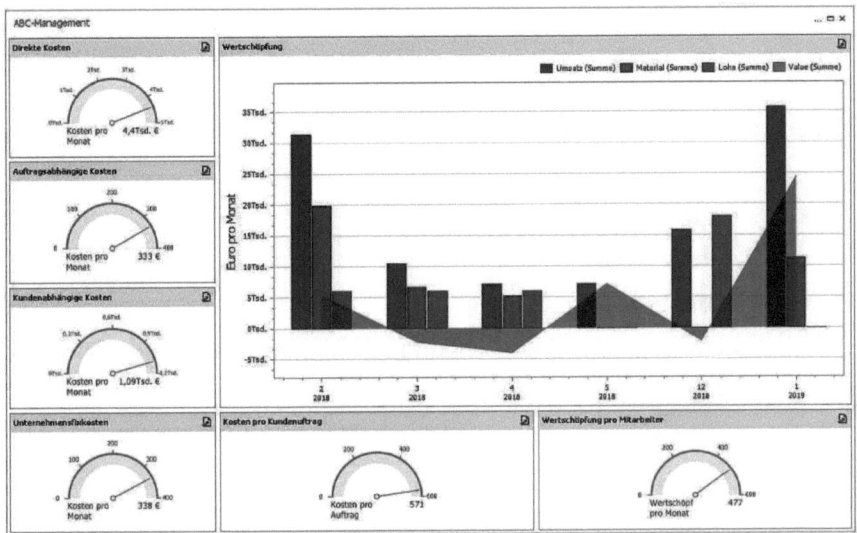

64 Unternehmenswerte mit Kennzahlen aus Activity Based Cost Management

Business Performance

Dieser Abschnitt beinhaltet:

- Stundensätze der Produktion
- Zuschlagssätze
- Kostenstellenauswertung
- Ergebnisrechnung als Deckungsbeitragsrechnung der Produktgruppen

Business Performance ist das Kostenrechnungssystem aus beasmanufactoring

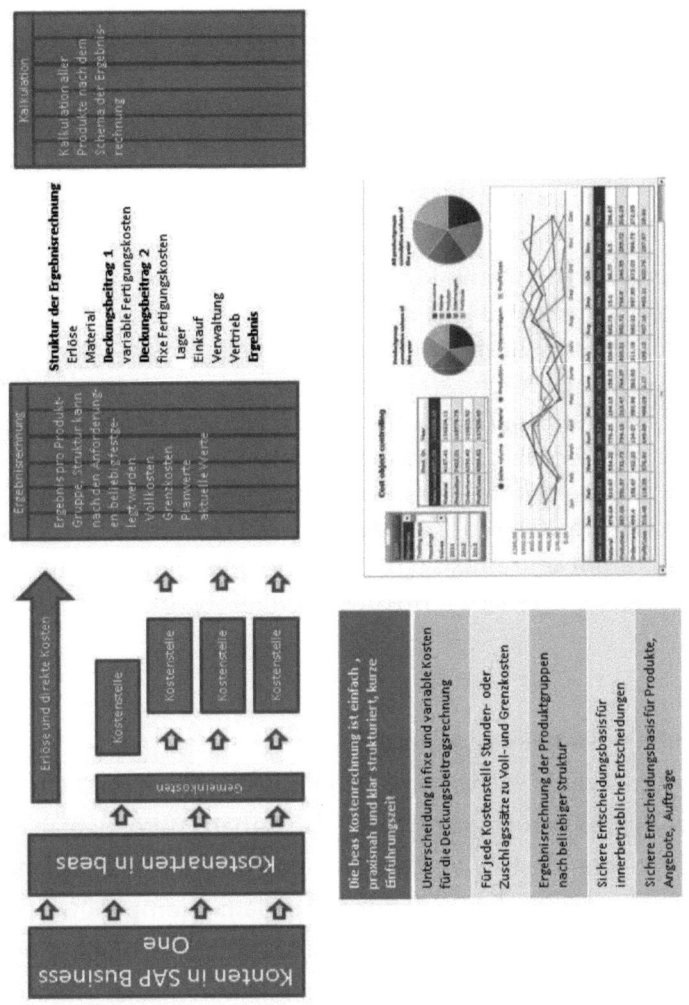

65 Business Performance

Dashboards sorgen dafür, dass die Kostenrechnung beachtet wird:
- Man behält einen einfachen Überblick.
- Man erkennt schneller Veränderungen und kann reagieren.
- Es werden Rückmeldungen an die Kostenrechnung gegeben, was erwartet wird.
- Plan- und Ist-Werte können leichter gegenübergestellt werden.

Die Einführung der Kostenrechnung ist oft weniger Aufwand als erwartet. Kostenarten - Kostenstellen -Kostenträger, wenn diese Elemente praxisnah verbunden werden, können Praktiker ihre Entscheidungen bewerten, auswählen. Durch Verdichtung der Kostenarten und Kostenstellen können sehr einfache, aber auch sehr umfangreiche Auswertungen erstellt werden. Damit trifft man immer die Anforderungen der Praxis. Controlling mit Business Performance ist übersichtlich, einfach und ausbaufähig. Kein Ballast, der mehr kostet, als er bringt. Damit ist das Programm sehr praxisgerecht. Anwender finden sich sofort zurecht und benötigen wenig Unterstützung.

Business Performance
- Berechnet Stundensätze zu Voll- und Grenzkosten. Mit einem Reportgenerator wird eine stufenweise Deckungsbeitragsrechnung zusammengestellt. Alle Kostenarten können in fixe und variable Kosten aufgeteilt werden. Verbesserungsmaßnahmen in der Produktion können Sie damit immer bewerten.
- Ihre Kalkulation kann einen Vollkostensatz und einen Grenzkostensatz verwenden. Damit können kurzfristige Entscheidungen sicher getroffen werden.
- Umlagen / Verteilungen können in beliebigen Stufen erfolgen. Als Basis können beliebige Verteilungen verwendet werden.

So werden die Produktionsstunden in den Kostenstellen für Umlagen verwendet. Damit werden alle Kosten zunächst auf Kostenstellen und danach auf Kostenträger verteilt/verrechnet. Mit den Produktionsstunden wird jeweils der Ist-Kostensatz berechnet und dem Plankostensatz gegenübergestellt. Damit immer die Abweichungen im Blick sind, wird die monatliche Produktionsleistung berechnet. Dies erfolgt mit den Stundensätzen, mit denen auch kalkuliert wird. Diese Produktionsleistung wird den Ist-Kosten gegenübergestellt und die Differenz ausgewiesen.

- Alle Daten stehen für Auswertungen zur Verfügung. Bei Bedarf zeigen Dashboards die Kosten- und Ergebnisentwicklung.

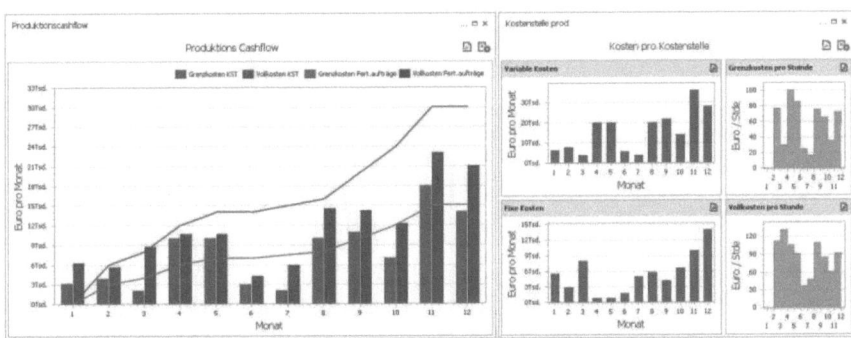

66 Kennzahlen aus Business Performance

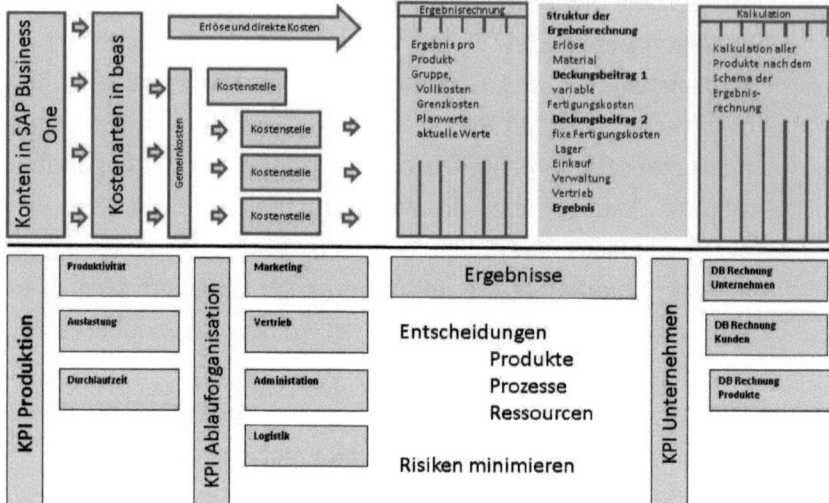

Methode und Einführungsschritte

Dieser Abschnitt beinhaltet:

Die Einführung erfolgt nach
- Unternehmenswerte
- Strategische Dashboards für
  - Kunden
  - Produkte
  - Ressourcen
- Funktionale Dashboards
- Analyse Dashboards

Bei Bedarf
- Business Performance
- Activity based Cost Management

NICHT WEIL ES SCHWER IST WAGEN WIR ES NICHT, SONDERN WEIL WIR ES NICHT WAGEN IST ES SCHWER.

Seneca

Die Einführung erfolgt in Stufen. Es sollte darauf geachtet werden, dass die Unternehmenswerte und die strategischen Dashboards für Kunden, Produkte und Ressourcen eingeführt werden.

Ob darüber hinaus funktionale Dashboards benötigt werden muss praktikabel entschieden werden. Hier kommt es darauf an, ob zur Zielerreichung der strategischen Dashboards weiter Dashboards notwendig sind.

Obwohl Kostenrechnung viel zu wenig in mittelständischen Unternehmen eingesetzt wird, soll darauf hingewiesen werden, dass Kostenrechnung, insbesondere Business Performance, wesentliche Entscheidungshilfen liefert. Man muss sich auf Kostenkalkulationen verlassen können, wenn man Produktentscheidungen treffen will. Gleiches gilt für Entscheidungen über Investitionen und deren Folgekosten.

Ein, für dieses Thema wesentlicher Ansatz ist das Activity based Cost Management. Durch die Gliederung der Kosten sind sie schlüssiger den Leistungswerten gegenüberzustellen. Zu wissen welche Kosten bei der Auftragsabwicklung, Angebotsbearbeitung, Logistik, Produktionsvorbereitung pro Auftrag, Angebot, Produktionsauftrag usw. anfallen ist für die Beurteilung der Leistungsfähigkeit eines Unternehmens wesentlich und bei der Einführung neuer Produkte unabdingbar. Für die Einführung von Dashboards kann es interessant sein, die Entwicklung dieser Kosten in einem Dashboard aufzuzeigen.

Bei der Einführung sollten Analyse-Dashboards berücksichtigt werden. Für Produktionsunternehmen gibt es elementare Aussagen, die es ständig zu analysieren gilt, wie
- Auslastung,
- Produktivität,
- Durchlaufzeit,
- Bestände.

Analysedashboards stellen nicht nur die Werte zusammen, sondern sollen helfen diese zu analysieren. Dazu ist Statistik eine gute Hilfe. Neben den genannten produktionsnahen Kennzahlen gilt dieses Vorgehen auch für Kosten. Schwanken die variablen Kosten pro Stunde stark, dann ist dies ein Zeichen, dass es z. B. nicht gelingt, die variablen Kosten der Auslastung anzupassen. Immer wenn Schwankungen für die Beurteilung eine Rolle spielen sollten Standardabweichungen gerechnet werden.

Pragmatismus und Praxis sind gefragt

Dieser Abschnitt beinhaltet:

Beispiel aus Produktion

Vorgehen bei der Einführung

Kosten- / Nutzenrechnung

In dieser Dokumentation wird versucht, die Einführung von Dashboards zu systematisieren. Diese erfolgt mit der Zielsetzung einer erfolgreichen Realisierung.

Dashboards haben das Ziel:

- Aufzuzeigen, wie die Entwicklung wichtiger Kennzahlen verläuft.
- Ansätze für Verbesserungen zu liefern.
- Informationen genau an der richtigen Stelle bereitzustellen.
- Transparenz zu schaffen.

Es geht immer um die Kenngrößen Produktivität, Wertschöpfung und Kosten.

67 Produktivität Wertschöpfung Kosten

Dashboards haben wir weitgehend standardisiert bzw. können unseren Standard mit wenig Aufwand an den Bedarf des Kunden anpassen. Man sollte immer in der Nähe der Standards bleiben, sonst ufert das in viele Dashboards aus die nur dem etwas sagen der sie erfunden hat.

Die Systematik müsste sein, mit den Dashboards für die Geschäftsleitung eine Fokussierung auf die Schwerpunkte zu setzen.

In der zweiten Stufe sind die Dashboards über Kunden, Produkte und Ressourcen zu nennen. Damit wird in dieser Ebene die Zielsetzung vorgegeben. Ziele ergeben sich aber immer aus dem Bedarf der Kunden. Es wird eine bestimmte Lieferzeit erwartet oder bestimmte Preise und Qualität. Die Kostenrechnung steuert ihren Teil dazu bei, da ja Gewinn erwirtschaftet werden soll.

Die zweite Stufe wird unterstützt mit Kennzahlen über Prozesse. Die Durchlaufzeit der Produktion ist eine Kennzahl der Fertigungsprozesse, die Lieferzeit ist ein Prozess der Auftragsabwicklung zum Kunden. Diese Art der Kennzahlen ist nie statisch, sie ist immer abhängig von den jeweiligen Gegebenheiten, die gerade zum Zeitpunkt der Abwicklung gegeben sind. Daher kann man sie auch nur mit der Schwankungsbreite beschreiben, ein Durchschnittswert alleine genügt nicht. Liegen Schwankungen vor, die den Erwartungen der Kunden nicht entsprechen, können wir den Kundenwunsch nicht immer erfüllen. Die Abläufe sollten überprüft werden.

Daher formuliert dieses Dokument eine Systematik, die Unternehmen hilft, Erwartungen der Kunden zu erfüllen. Daher setzen wir Statistik ein, um die Aufträge zu filtern, die besonders gut oder besonders schlecht gelaufen sind. Da man aus den Dashboards heraus die entsprechenden Vorgänge aufrufen kann, erleichtert man die Suche nach Unzulänglichkeiten, die es abzustellen gilt. Im Sinne der Prozessorganisation ist zu prüfen welchen Bedingungen die Aufträge mit niedrigen Durchlaufzeiten oder hoher Produktivität oder niedriger Kosten unterworfen waren und mit welchen organisatorischen Maßnahmen man diese häufiger, immer, herstellen kann.

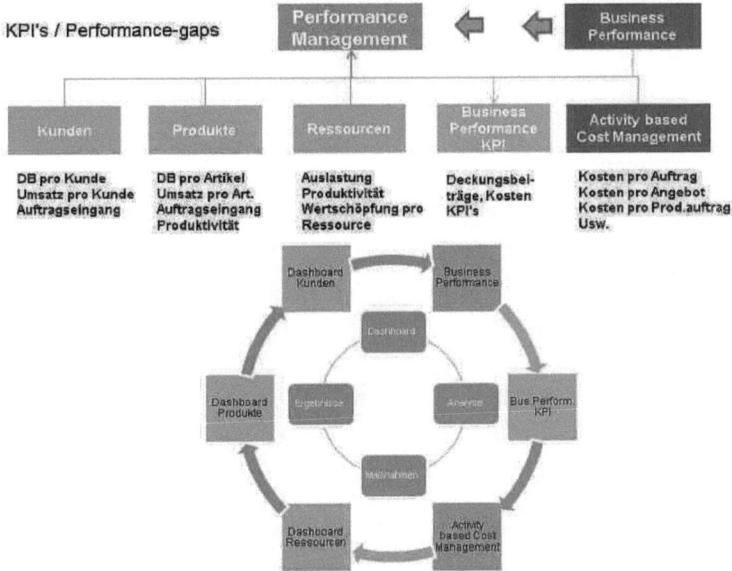

68 Beeinflussung der KPI's

Die Praxis der Dashboard-Einführung zeige ich Ihnen an folgendem Beispiel.

Es geht in einem Produktionsunternehmen darum, die Produktivität zu erhöhen und die Ausschussquote zu verringern. Das Unternehmen stellt hochkomplexe Präzisionsteile her. Als ERP-System wird SAP Business One® und beasmanufactoring genutzt. Das System wird seit einigen Jahren in allen Bereichen genutzt, also in der gesamten Auftragsabwicklung, Finanzbuchhaltung,

Fertigungssteuerung und Kostenrechnung. Nun geht es darum, aus dem System größeren Nutzen zu ziehen, indem die Produktivität und die Gesamtausbringung erhöht werden.

Ausgangspunkt war daher eine Produktivitätsstatistik, die eingeführt wurde.

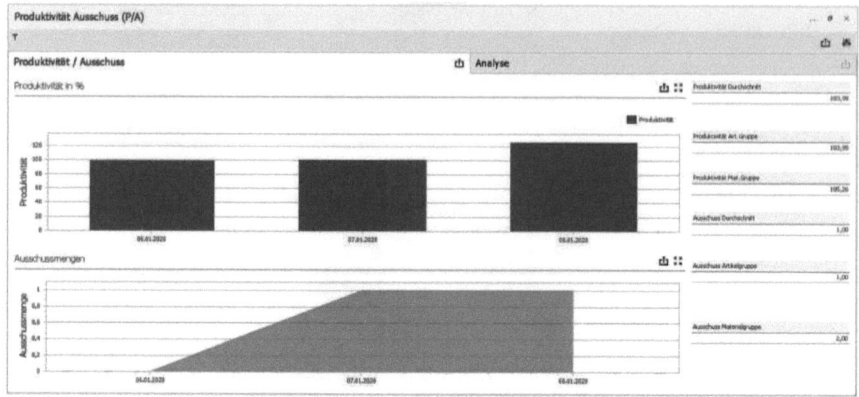

69 Praxisbeispiel Produktivität Register 1

Das Dashboard zeigt im oberen Fenster die Produktivität an den einzelnen Tagen und im unteren Fenster den Ausschuss in %.

Es wird unterschieden nach Artikelgruppen (SAP) und nach Materialgruppen (beasmanufactoring). Daher werden an der rechten Leiste die Produktivitäts- und Ausschusskennzahlen nach Artikel- und Materialgruppen gezeigt.

Damit man die Werte überprüfen und Ausreißer erkennen kann, zeigt die Analyseseite die Werte.

70 Praxisbeispiel Produktivität Register 2

Die Werte kann man filtern, indem man die entsprechenden Haken setzt, man kann Werte auch markieren, um schneller die gewünschte Übersicht zu bekommen.

Mit diesen Dashboards sieht man zwar welche Produkte, Arbeitsgänge in welchen Zeiträumen welche Produktivität- bzw. Ausschusskennzahlen haben aber damit ist eigentlich noch nichts verbessert. Nun müssen die Verantwortlichen aktiv werden.

In diesem Unternehmen hat man das so gemacht indem man Dashboards an einem White Board in der Fertigung gezeigt hat. In der Fertigung arbeiten hochspezialisierte Mitarbeiter, die sich nicht mit komplizierten Statistiken aufhalten wollen. Die Darstellung wurde daher vereinfacht auf die Produktivitäts- und Ausschusskennzahlen, die von der Produktion erwartet werden.

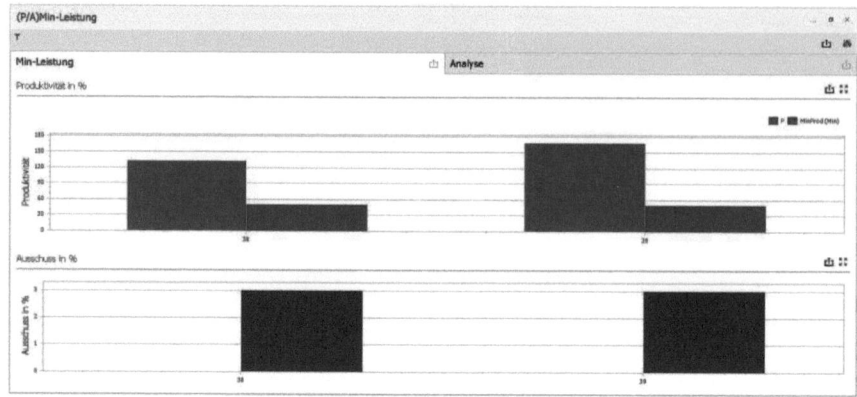

71 Anzeige der erwarteten Leistung

Diese Werte können auch aus den Analysen gerechnet werden, die ich später zeigen werde.

Da die Zielsetzung natürlich ist, die Lieferverpflichtungen zu erfüllen, die geplant sind und trotz komplexer und störanfälliger Fertigung erreicht werden sollten, hat man diese Statistik ergänzt um Stückzahlen der Produkte die geplant sind gegenüber dem was bisher gefertigt worden ist.

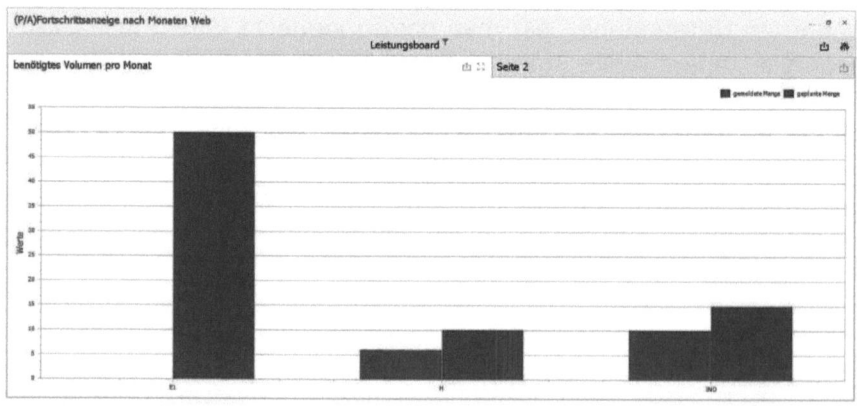

72 Fortschrittsanzeige nach Produkten

In dem Dashboard sind die Produkte angegeben die in einem Monat gefertigt, geplant, werden sollen und den gemeldeten Stückzahlen gegenübergestellt. Die Meldungen erfolgen über die Zeiterfassung, in der auch die Gutstück und Ausschuss angegeben werden.

Dieses Vorgehen führte dazu, dass die geplanten Lieferungen einge-halten werden konnten und die Produktivität verbessert wurde.

Das Beispiel zeigt, dass immer in Stufen gedacht werden muss. Mit Dashboards will man ja fast immer Ziele ausdrücken, die man aber nur erreichen kann, wenn man Mitstreiter findet denen man die Zahlen so aufbereitet, dass sie danach arbeiten können.

Nach dieser Phase bekam der Produktionsleiter die Dashboards noch als eine Webanwendung die er, unabhängig von SAP Business One®, aufrufen kann. Das ist sehr praktisch, im Prinzip braucht er nur über einen access-user den Zugang zu SAP Business One® und hat damit immer seine Zahlen im Blick. Die Dashboards müssen dann entspre-chend geändert werden, damit die Parameter, entsprechend den An-forderungen der Weblösung, richtig gesetzt werden können.

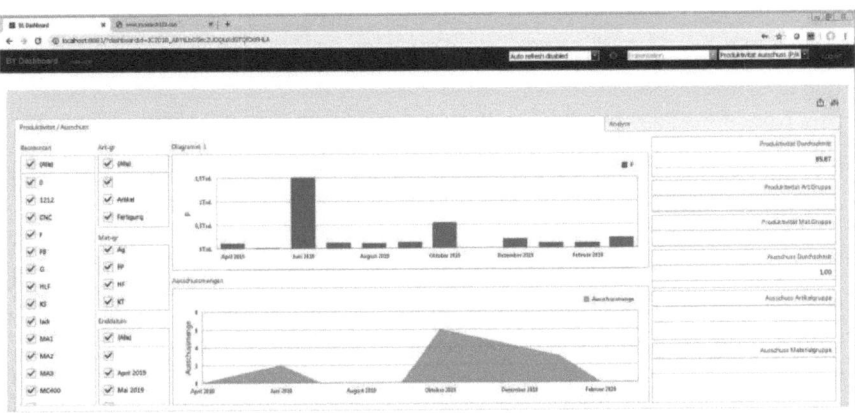

73 Webdashboard für die Leitung der Produktion

An diesem Beispiel erkennt man:

- Man sollte immer ein Dashboard haben, aus dem man die Zielsetzung erkennt und nachprüfen kann, ob man sie auch erfüllt.
- Man muss Dashboards immer so aufbereiten, dass die Anwender auch damit arbeiten können und die Organisation auch in Richtung der Zielsetzung bewegen.
- Es gibt genügend technische Möglichkeiten Dashboards immer dann aufzurufen, wenn sie gebraucht werden, es muss alles recht einfach gehen, anwendergerecht.

Mit Dashboards können weitere Funktionen erfüllt werden. Wie bereits dargestellt stehen Analysefunktionen zur Verfügung, die man nutzen kann. Insbesondere Standardabweichungen werden als Beurteilungskriterium für Abläufe verwendet. Daher möchte ich dieses praktische Beispiel ergänzen mit dem entsprechenden Analyse-Dashboard.

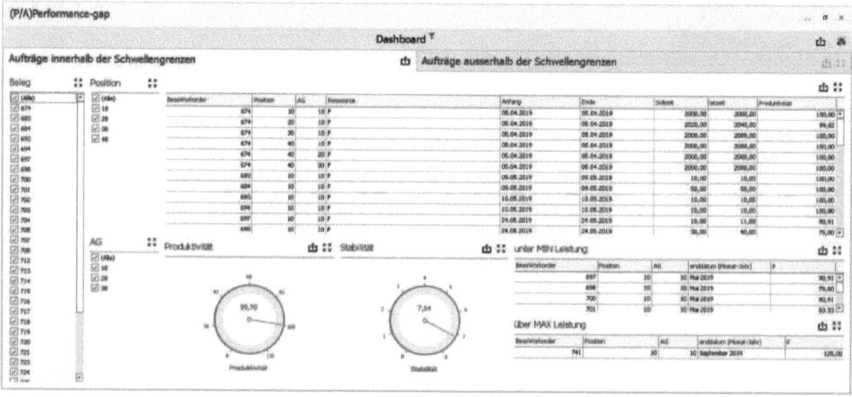

74 Analyse der Produktivität

Das Dashboard wertet die Fertigungsaufträge aus, die in einem ge-wählten Zeitraum in einer Ressource abgearbeitet werden. Berechnet wird die Produktivität der einzelnen Aufträge aus den Sollzeiten, lt. Arbeitsplan, und den Ist-Zeiten, gemäß Zeiterfassung.

Gefiltert werden kann nach den

- Fertigungsaufträgen,
- deren Positionen,
- deren Arbeitsgänge.

Berechnet werden die Produktivität die im Durchschnitt erreicht wur-de und die Standardabweichung. Die Standardabweichung ist nur ein Maß für die Stabilität, das heißt wie die Ist-Werte um den Durch-schnittswert schwanken. Wie bereits dargestellt ist die Standardab-weichung ein sicheres Maß, wie Abläufe organisiert sind. In der Praxis lässt sich zeigen, dass gut organisierte Ressourcen eine niedrigere Standardabweichung haben. Das ist natürlich auch davon abhängig, ob die Arbeiten manuell beeinflussbar sind oder automatisch ablaufen. Daher kann man keine allgemein gültigen Kriterien nennen, was gut und was weniger gut ist.

In unserem Beispiel ist die Standardabweichung etwas über 7 % bei fast 100 % Produktivität. Das heißt 97 % aller Aufträge haben eine Produktivität zwischen

- 99,7 % - 3 X 7,14 % = 78,28 % und
- 99,7 % + 3 X 7,14 % = 121,12 %

Wenn es darum geht die Produktivität zu beeinflussen, liefert die Sta-tistik wieder Hinweise. Man ermittelt, welche Werte unter dem Durchschnittswert liegen bei einem Faktor der Standardabweichung. In unserem Beispiel sind das die Aufträge, die in dem Fenster „unter MIN-Leistung" angezeigt werden. Analog werden die Aufträge ange-zeigt, die über der „MAX-Leistung" angezeigt werden.

Ziel ist, sich diese Aufträge genauer anzusehen und zu erkennen was verbessert werden sollte. Man könnte sich auch die Aufträge mit der niedrigsten Produktivität und die Aufträge mit der höchsten ansehen, aber das scheitert meist in der Praxis. Aufträge in diesen Grenzbereichen sind oft Fehlerbehaftet, sodass man dann immer auf Unsicherheiten trifft. Das versucht man auszuschließen, indem man Ausreißer gar nicht in die Statistik aufnimmt und sich somit nur mit den „normalen" Aufträgen befasst. Wird das Dashboard im Cockpit angezeigt, kann man aus der Anzeige in den Auftrag springen, sodass man ohne Umschweife weiter kommt.

Zusammenfassung

Die technischen Voraussetzungen sind gegeben mit SAP Business One® und beasmanufactoring steht ein ERP System zur Verfügung das alle Bereiche der Auftragsabwicklung und der Produktion abdeckt.

Das von der boyum-it entwickelte Add On B1UP enthält einen Dashboard Editor und stellt Dashboards zur Verfügung.

Wenn Unternehmen SAP Business One® zusammen mit beasmanufactoring einführen erwarten sie bessere Abläufe und eine produktivere Produktion. Dies zu erreichen und zu halten ist aber ein dauernder Prozess, der über die Einführung eines ERP-Systems hinausgeht.

Die Gestaltung dieses Prozesses ist Thema dieser Dokumentation. Zwei Ansätze sind enthalten.
- Einmal ist dies der stufenweise Aufbau der Dashboards.
- Dann, der Ansatz, Dashboards mit Statistik zu unterfüttern.

Der erste Ansatz ist einleuchtend. Wenn man Kunden zufriedenstellen will mit einer kurzen Lieferzeit, empfiehlt es sich, dies zu messen. Sonst werden die Deckungsbeiträge der Kunden ausbleiben. Das kann man beliebig fortführen.

Der zweite Ansatz ist auf Erfahrung begründet. Gut gestaltete Prozesse streuen weniger stark in den Leistungskennzahlen, bzw. haben klare Abhängigkeiten. Das sind dann Produktivität, Durchlaufzeit, Kosten, Personalbedarf, Ausbringung an Maschinen und Anlagen. Am einfachsten misst man das mit der Standardabweichung. Das ist eine statistische Funktion, die überall verfügbar ist.

Nimmt man beide Ansätze zusammen, entsteht eine sehr einfache und schlüssige Methode. Man erstellt Dashboards für die Unternehmensleitung, wir nennen diese Dashboards „Unternehmenswerte". Danach kommen Dashboards, die die Anforderungen unserer Kunden, unserer Produkte und unserer Ressourcen abdecken. Wir nennen diese Dashboards „strategische Dashboards". Wir fassen oft zusammen in Containern und zeigen die einzelnen Dashboards in Registern. Um diese Dashboards dann zu unterstützen, gibt es die nächste Stufe. Das sind dann meist einzelne Dashboards, die oft nicht mehr komplex sind und intern erstellt werden können.

Die wichtigsten Kennzahlen werden mit Analysedashboards aufbereitet. Man berechnet Mittelwerte, Standardabweichungen und evtl. Mediane um die Prozesse, zu der die Kennzahlen gehören, besser zu verstehen. Dann führ man ein Verbesserungsszenario ein. Dazu werden immer die Vorgänge analysiert die unter oder über Grenzwerten liegen die sich aus den Standardabweichungen errechnen.

Wenn man zu dieser Vorgehensweise noch Daten aus der Kostenrechnung verwendet, um Maßnahmen besser bewerten zu können, erhält man einen klar definierten Weg.

Autor

Jochen Clemens

Dipl. Wirtschaftsing. Universität Karlsruhe

Mitbegründer und Geschäftsführer der beas GmbH, Pforzheim

Seit 2011 Geschäftsführer der Jochen Clemens GmbH, Weingarten

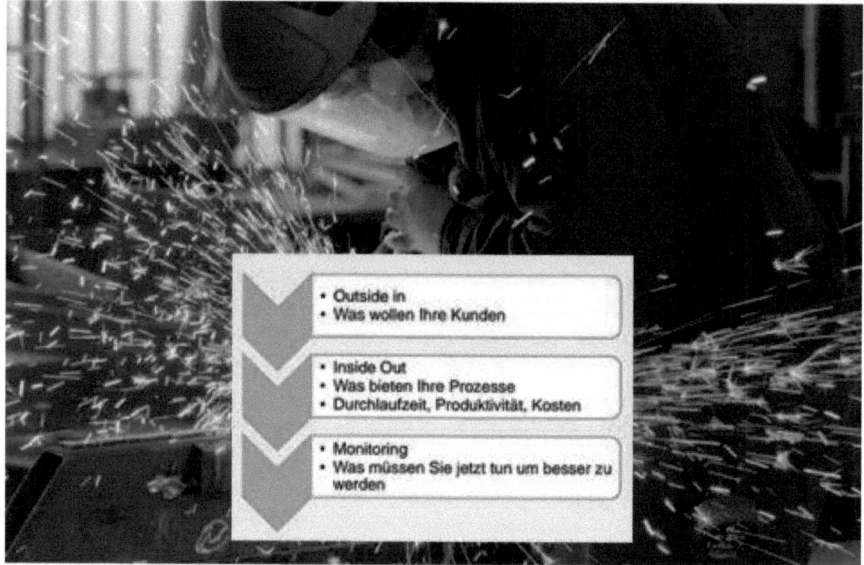

Outside in
* Was wollen Ihre Kunden

* Inside Out
* Was bieten Ihre Prozesse
* Durchlaufzeit, Produktivität, Kosten

* Monitoring
* Was müssen Sie jetzt tun um besser zu werden

Performance Management

Zielsetzung von Dashboards

– Aufzuzeigen wie die Entwicklung wichtiger Kennzahlen verläuft

– Ansätze für Verbesserungen zu liefern

– Informationen genau an der richtigen Stelle bereitzustellen

– Transparenz zu schaffen

Abbildungen

1 Doing the right things.. 18

2 boyum B1UP Editor 20

3 Dashboard in SAP Business One® Cockpit................................ 22

Abbildung 4 Webdashboard im Cockpit 24

5 Produktivität Ausschuss 25

6 Produktivität Ausschuss tabellarische Darstellung 26

7 Webdashboard Deckungsbeitrag Unternehmen 27

8 Parametersteuerung bei Webdashboards............................... 27

9 Statistikfunktionen in B1UP (boyum)..................................... 29

10 Unternehmenswerte... 32

11 Unternehmenswerte aus Business Performance 36

12 Stundensätze der Kostenstellen... 38

13 Gegenüberstellung der geplanten Kosten und der effektiven Kosten
einer Kostenstelle... 39

14 Umsatz nach Vertriebsmitarbeiter... 40

15 Umsatz und Mitarbeiterstunden 41

16 Preisentwicklung Kunde.. 41

17 KPI's / Performance-gaps 46

Abbildung 18 Methode 47

19 Ertragsbezogen - Aufwandbezogen 49

20 Stufen der Dashboards.. 51

21 Unterstützung bei der Einführung 52

Abbildung 22 Kunden.. 53

Abbildung 23 Register Kunden.. 54

24 Aufruf des Dashboards über Stammdaten in SAP Business One«.. 55

25 Dashboard Produkt 57

26 Produktdashboard aufgerufen über Stammdaten 58

27 Registerdashboard Produkt Register 2 58

28 Registerdashboard Ressourcen 60

29 Rüstzeitreduzierung nach S. Jury 61

30 Produktivität einer Kostenstelle nach Nutzung und Ausbringung .. 62

31 Auslastung der Ressourcengruppen 63

32 Unterstützung der Fertigungssteuerung mit Dashboards 64

33 Beeinflussung der Unternehmenswerte 67

34 Katalog Dashboards der Jochen Clemens GmbH 68

35 Lieferterminüberwachung 71

36 Elemente im Produktionsprozess 72

37 Potentialanalyse Termineinhaltung gegenüber Kunden 73

38 Kundenzufriedenheit 74

39 Umsatz nach Vertriebsmitarbeiter 74

40   Gegenüberstellung   Anwesenheitszeit / Auftragszeiten   der
Mitarbeiter 75

41 Überprüfung Planzeiten 76

42 Produktivität der Produktherstellung 76

43 Preise der Artikel eines Kunden 77

44 Übersicht Auslastung / Produktivität in SAP Business One®
Standard 78

45 Kapazitätseinlastung 79

46 Produktivität Ausschuss nach Artikel- und Materialgruppen 80

47 Bestand in Lager und Fertigung 80

48 Prognose 81

49 Wertschöpfung, Deckungsbeitrag der Ressourcen 81

50 Produktivität Produkt mit Standardabweichung 82

51 Kalkulation mit Daten aus Activity Based Cost Management (ABC) 83

52 Anzeigen der ABC-Kennwerte in Dashboards 84

53 Verdichtung der Produktionswerte 85

54 Stark verdichtete Wert in "Boards" anzeigen 86

55 Aufbau Analysedashboard 90

56 Standardabweichung 90

57 Ziel: stabile Produktion 91

58 Veränderung der Abweichung 92

59 Beeinflussung der Kennzahlen 93

60 Analysedashboard Durchlaufzeiten 94

61 Analysedashboard Kostensätze 94

62 Verlauf der Produktivität 95

63 Activity Based Cost Management 98

64 Unternehmenswerte mit Kennzahlen aus Activity Based Cost Management 99

65 Business Performance 101

66 Kennzahlen aus Business Performance 103

67 Produktivität Wertschöpfung Kosten 109

68 Beeinflussung der KPI's 111

69 Praxisbeispiel Produktivität Register 1 112

70 Praxisbeispiel Produktivität Register 2 113

71 Anzeige der erwarteten Leistung 114

72 Fortschrittsanzeige nach Produkten 114

73 Webdashboard für die Leitung der Produktion 115

74 Analyse der Produktivität 116

Literaturverzeichnis

Clemens, J. (1991). *Betriebsabrechnung mit EDV.* Ehningen: Expert-Verlag.

Kernler, H. (1996). *PPS-Controlling.* Wiesbaden: Springer Gabler.

Krause, D. H.-U., & Arora, D. D. (2008). *Controlling-Kennzahlen - Key Performance Indicators.* München: Oldenbourg Verlag.

Kühnapfel, J. (2013). *Vertriebscontrolling.* Wiesbaden: Springer Fachmedien.

Pufahl, M. (2015). *Sales Performance Management.* Wiesbaden: Springer Fachmedien.

Reichmann, T., Kißler, M., & Baumöl, U. (2017). *Controlling mit Kennzahlen.* München: Verlag Franz Vahlen.

Saha, D., Syamsunder, M., & Chakraborty, S. (2016). *Manufactoring Performance Management using SAP OEE.* New York: Springer Science + Business Media.

Spahn, D. (2003). *Ganzheitlich produzieren.* Stuttgart: LOG_X Verlag GmbH.

Wouters, M., Seito, F., Hilton, R., & Maher, M. (2012). *Cost Management.* McGraw Hill Higher Education.

Index

Abfrage 21, 22, 26, 33
Abfragen 21, 33, 69
Ablauf29, 50, 62, 66, 70, 73, 75, 97, 110, 116, 117, 119
Abläufen 50
Activity based Cost Management30, 45, 48, 67, 105, 106
Activity based Costing 49, 96
Analyse16, 45, 73, 87, 88, 89, 94, 105, 116
Analysedashboards50, 107, 120
Analyse-Dashboards. 16, 87, 88
Analysemöglichkeiten 50
Anwesenheit 62
Arbeitsgänge50, 63, 85, 113, 117
Artikelgruppe 79
Aufträgen 27, 40, 118
Auftragsabwicklung37, 44, 66, 73, 106, 110, 111, 119
Auftragsfortschritt.......... 66, 78
Ausbringung 62, 119
Auslastung16, 43, 44, 59, 63, 78, 106, 107
Ausschuss16, 17, 25, 26, 72, 80, 112, 115
Ausschussmengen 79
B1UP10, 19, 20, 22, 27, 29, 119
B1Usability 20
Batch level........................... 97

beasmanufactoring10, 19, 20, 26, 34, 63, 101, 111, 112, 119
Bestände 42, 44, 106
Bestandsrechnung 80
Bestellwesen 73
Boards 66, 73, 86
boyum .. 10, 16, 19, 20, 27, 119
Business Performance34, 36, 45, 48, 67, 100, 101, 102, 103, 105, 106
Cockpit 19, 22, 23, 118
Container-Dashboards 16
Customer Level 97
Dashboard16, 19, 22, 28, 33, 34, 37, 38, 39, 45, 52, 54, 55, 58, 63, 70, 72, 73, 81, 87, 89, 106, 111, 112, 115, 116, 117, 118, 119
Dashboard Editor ... 19, 28, 119
Dashboards8, 10, 14, 15, 16, 17, 19, 20, 21, 22, 23, 25, 26, 27, 28, 29, 33, 34, 37, 38, 42, 44, 45, 46, 48, 49, 50, 51, 52, 54, 55, 56, 59, 61, 63, 64, 66, 67, 68, 69, 70, 72, 73, 75, 78, 79, 82, 85, 88, 98, 99, 102, 103, 105, 106, 109, 110, 113, 115, 116, 119, 120
Deckungsbeiträge15, 16, 30, 31, 33, 34, 44, 48, 81, 119

Deckungsbeitragsrechnung . 34, 100, 102

Durchlaufzeit43, 72, 89, 106, 110, 119

Durchlaufzeiten16, 42, 44, 49, 50, 56, 62, 72, 87, 88, 93, 94, 110

Durchschnitt 19, 87, 88, 117

Einplanung 63, 85

Entscheidungsgrundlagen 69

Ergebnisrechnung 34, 100

Ergebnisse9, 14, 33, 45, 49, 50, 81, 98

Facility Level 98

Fehlzeiten 72

Fertigungsauftrag37, 45, 89, 97

Fertigungsaufträge16, 34, 38, 50, 58, 76, 78, 117

Fertigungsgemeinkosten 37

Fertigungskosten 34, 97

Filterelemente 26

Filterelementen 26, 27, 88

Filtermöglichkeiten ... 16, 50, 88

fiory 25

funktionalen 66

Gebundenes Kapital 42

Gemeinkostenarbeiten 39

Geschäftsleitung16, 34, 39, 83, 110

HANA 19, 21, 28

Häufigkeitsverteilungen . 17, 91

Herstellkosten 33

Journalbuchungen 33

Kalkulation30, 37, 66, 77, 82, 83, 96, 102

Kalkulationsschema 33

Kennzahlen29, 30, 31, 45, 88, 92, 93, 96, 97, 99, 103, 107, 109, 110, 120

Kosten16, 33, 34, 37, 38, 39, 42, 43, 45, 49, 50, 57, 69, 85, 87, 88, 93, 97, 98, 102, 103, 106, 107, 108, 109, 110, 119

Kostenarten 16, 102

Kostenrechnung20, 31, 34, 37, 38, 45, 48, 49, 51, 97, 102, 106, 110, 111, 120

Kostenrechnungssystem 83, 101

Kostenstellen34, 38, 43, 97, 98, 102, 103

Kostenstellenrechnung... 34, 37

Kostenträger............... 102, 103

Kunden16, 17, 41, 44, 45, 48, 49, 52, 54, 55, 67, 73, 77, 97, 105, 106, 110, 119, 120

Kundennummer 22, 54

Kundenzufriedenheit...... 73, 74

Liefertermine 70

Lieferzeit............................. 70

Lieferzeiten16, 44, 49, 53, 56, 70, 87, 88, 93

Logistik............. 30, 44, 73, 106

Maschinen 62, 85, 119

Maschinengruppen 62

Maßnahmen26, 45, 70, 92, 110, 120

Maßnahmenkatalog 50

Materialgruppe.................... 79

Materialgruppen 17, 80, 112

Materialkosten 34, 37
Maximalwert 90
Median 19, 88
Mediane 17, 120
Mengen 53, 56
Minimalwert 90
Nachkalkulation.. 33, 35, 55, 57
Nachkalkulationen 33
Nutzung 62
Parameter... 19, 22, 27, 78, 115
Personal....................... 62, 92
Personalkosten 37
Planzeiten.......... 16, 57, 75, 76
Preis................................. 77
Preise 52, 77, 110
Preisentwicklung 41
Preisliste 33
Priorität 63, 66, 85
Prioritäten 59
Product Level....................... 97
Produkte10, 16, 37, 44, 45, 48,
    56, 57, 66, 67, 77, 82, 88, 96,
    105, 106, 110, 113, 114, 115,
    120
Produkten10, 48, 50, 56, 57,
    77, 114
Produktgruppen 34, 100
Produktion28, 30, 37, 43, 61,
    62, 63, 72, 85, 91, 94, 100,
    102, 108, 110, 113, 115, 119
Produktionsleistungen 42
Produktionsleiter............... 115
Produktionsstunden 103
Produktivität16, 25, 26, 30, 31,
    39, 42, 43, 44, 49, 50, 56, 57,
    58, 59, 61, 62, 76, 77, 78, 79,
    80, 82, 85, 87, 88, 89, 91, 93,
    95, 106, 109, 110, 111, 112,
    113, 115, 116, 117, 118, 119
Produktivitätsstatistik76,   79,
    111
Prognose 81
Prozesskosten 42
Register 52, 58, 112, 113
Registern 22, 48, 59
Ressource 61, 63, 81, 117
Ressourcen16, 27, 37, 44, 45,
    48, 50, 59, 60, 63, 67, 81, 88,
    89, 105, 106, 110, 117, 120
Ressourcengruppen 63
Rüstvorbereitungen 61, 63
Rüstzeiten 62
SAP Business One17,   19,   20,
    22, 26, 28, 34, 78, 81, 98,
    111, 115, 119
SAP-Business-One 8, 9, 14
SAP-Partner 52
SQL 19, 21, 28
Stabilität44, 61, 87, 88, 89, 90,
    117
Stammdaten19, 22, 54, 55, 58,
    75
Standard 67, 110
Standardabweichung17,   19,
    28, 29, 50, 82, 88, 89, 90,
    117, 120
Standardabweichungen16, 17,
    29, 50, 61, 89, 107, 116, 120
strategischen 44, 106
strategischen Dashboards.. 106

Stückzahlen43, 76, 91, 114, 115

Stufe....15, 16, 50, 67, 110, 120

Stundensatz 88

Termineinhaltung 73

Terminsituation 66

Transparenz 66, 75, 78, 109

Umsatz31, 33, 39, 40, 41, 43, 52, 56, 74

Umsatz pro Mitarbeiter........31

Umsätze........30, 31, 33, 34, 44

Umschlagshäufigkeiten 42

Unit Level............................97

Unternehmensleitung15, 45, 120

Unternehmenswerte30, 32, 36, 44, 67, 99, 105, 106, 120

Unterstützung.........52, 64, 102

Verbesserungsprozess..........50

vereinfachen...................66, 75

Vertriebsmitarbeiter 39, 40, 74

Vorgehensweise 52, 120

WebDashboards 28

Weblösung...................27, 115

Wertschöpfung31, 33, 48, 81, 109